UNIVERSITÉ DE PARIS. — FACULTÉ DE DROIT

DES
RÉGIMES PÉNITENTIAIRES

ENVISAGÉS

AU POINT DE VUE DE L'AMENDEMENT

ÉTUDE DE DROIT COMPARÉ

THÈSE POUR LE DOCTORAT

Présentée et soutenue le mardi 21 novembre 1899, à 2 h. 1/2

PAR

CHARLES LAMY

AVOCAT A LA COUR D'APPEL

Président : M. SALEILLES.
Suffragants : { MM. LEVEILLÉ, *professeur*.
GARÇON, *agrégé*.

PARIS

Librairie Nouvelle de Droit et de Jurisprudence

ARTHUR ROUSSEAU, ÉDITEUR

14, RUE SOUFFLOT ET RUE TOULLIER, 13

1899

THÈSE

POUR LE DOCTORAT

DES
RÉGIMES PÉNITENTIAIRES

ENVISAGÉS

AU POINT DE VUE DE L'AMENDEMENT

ÉTUDE DE DROIT COMPARÉ

THÈSE POUR LE DOCTORAT

L'ACTE PUBLIC SUR LES MATIÈRES CI-APRÈS
Sera soutenu le mardi 21 novembre 1899, à 2 h. 1/2

PAR

CHARLES LAMY

AVOCAT A LA COUR D'APPEL

Président : M. SALEILLES.
Suffragants : MM. LEVEILLÉ, *professeur.*
GARÇON, *agrégé.*

PARIS

Librairie Nouvelle de Droit et de Jurisprudence

ARTHUR ROUSSEAU, ÉDITEUR

14, RUE SOUFFLOT ET RUE TOULLIER, 13

1899

DES

RÉGIMES PÉNITENTIAIRES

ENVISAGÉS AU POINT DE VUE DE L'AMENDEMENT

ÉTUDE DE DROIT COMPARÉ

INTRODUCTION

« Un pendu n'est bon à rien », disait Voltaire, et il avait raison, mais un détenu n'est pas beaucoup plus utile ; un libéré peut être dangereux (1). C'est donc une impérieuse nécessité pour la société d'amender ce qu'elle ne peut éliminer.

Que ce soit pour elle un devoir en même temps et un besoin, c'est là une vérité que nul ne contredira, à quelqu'école qu'il appartienne. Et n'est-ce pas hier qu'un de nos plus éminents criminalistes formulait le principe de la répression moderne : « Il

_____

(1) La peine dans la main de l'Etat est une arme à deux tranchants qui peut se retourner contre l'Etat lui-même le blessant en même temps que le coupable (Von Ihering, *Zweck im Recht*, I, 375).

faut concentrer sur la réforme morale et l'amendement du coupable le but de la pénalité et faire de
cette réforme et de cet amendement la raison d'être
ainsi que la limite de la peine » (1).

L'idée n'est pas nouvelle : Justinien écrivait au
Digeste il y a treize siècles : « *Poena constituitur ad
emendationem hominum* ». Bien des siècles cependant se sont écoulés avant que cette idée généreuse
entrât dans la sphère des applications pratiques.
L'apostolat même d'un Saint Vincent de Paul nous
apparaît comme un magnifique exemple de dévouement religieux, nullement comme une tentative de
réforme sociale et ce n'est qu'au début de notre
siècle que l'idée d'amendement vient éclairer d'un
jour nouveau la politique criminelle.

Que d'étapes franchies, que d'idées agitées, de
conceptions successivement acclamées et abandon-
nées ! et cependant que de chemin parcouru ! Et qui
donc a dit que l'histoire n'est qu'un perpétuel re-
commencement ? Qu'il regarde, ce pessimiste, la
marche de l'idée de peine, qu'il la voie se modifier à
mesure que se forme la puissance de la collectivité
sociale, que s'élève la conception de son rôle, qu'il la
voie sous l'influence des philosophies successives et
parfois simultanées s'humaniser et, dans un siècle de

---

(1) G. Vidal, *Principes fondamentaux de la pénalité dans les
systèmes les plus modernes.*

luttes à outrance, s'empreindre de charité et devenir plus miséricordieuse !

Nous ne prétendons pas retracer ici les évolutions de l'idée de peine et montrer comment elle s'est basée sur des conceptions différentes depuis la vindicte publique jusqu'à la mesure d'éducation sociale. Une tâche aussi vaste serait en dehors des limites de notre étude et de son but ; nous examinerons seulement et très brièvement avant d'entrer dans le domaine de la pratique quelles conditions doit présenter tout régime soucieux de reclasser les délinquants que la justice confie à l'administration pénitentiaire, restera ensuiteà examiner comment les différents types de régimes en usage y répondent : tel est l'objet de notre étude.

Est-ce à dire que nous prétendions dresser un tableau encyclopédique de tous les régimes organisés par les Etats civilisés ? Non, à coup sûr ; une telle entreprise serait au-dessus de nos forces, et, fût-elle menée à bien, elle ne nous apprendrait pas encore grand'chose.

Notre intention est d'examiner dans leurs applications les plus complètes les théories pénitentiaires qui envisagent directement l'amendement des condamnés, nous demandant non pas s'il y a un régime idéal qui puisse être préconisé sous toutes les latitudes, mais si l'on peut poser certains principes généraux dont l'application ne doive être modifiée que pour se plier aux exigences ethnographiques de telle ou telle région. Il nous suffira donc de porter nos investigations sur l'organisation répondant le plus complètement à chaque type de régime.

En écrivant, il y a quelques lignes, *le principe moderne de la répression*, certes nous n'ignorions pas que plusieurs écoles sont en présence et qui la basent sur des conceptions différentes et nettement tranchées : mais sur le terrain des solutions pratiques, elles tendent de plus en plus à se rapprocher et à s'entendre ; on peut donc admettre que tout le monde a de l'amendement une conception commune, et d'ailleurs peut-il en être autrement ?

Le point de départ en effet est universellement admis que, d'une part, la peine doit mettre hors d'état de nuire par suppression ou élimination les irréductibles, de l'autre, ramener au bien ceux qui sont susceptibles d'y revenir ; on devra nécessairement admettre dans la répression deux fonctions : l'une (que l'on appellera négative) qui devra préserver le condamné des influences dégradantes, notamment des promiscuités de l'incarcération en commun, l'autre (positive) qui consistera à en faire un homme nouveau, à refondre le tempérament du délinquant en réveillant chez lui le sens moral et l'énergie.

Cette fonction positive, qui est de beaucoup la plus complexe, pourra-t-elle s'accomplir par voie de mesures collectives ; assurément non puisqu'on s'adresse au tempérament moral de l'individu ; il faut — c'est le principe de toute éducation — adapter les moyens employés à la nature et au caractère du sujet ; il faut *individualiser* la peine, qu'on la base d'ailleurs sur l'idée de responsabilité ou sur celle de témébilité.

Nous aurons à nous demander au cours de cette étude à qui doit incomber cette tâche : ne préjugeons rien et nous éclairons des faits avant de conclure.

Ceci du moins est acquis déjà que tout régime doit, d'une part, éviter au condamné toute influence malsaine et, en second lieu, chercher à réveiller chez lui le sens et le goût du bien ; le préparer en un mot à reprendre à l'expiration de sa peine une place honorable dans la société.

Peut-être sera-t-on tenté de nous reprocher de ne présenter qu'un travail incomplet en nous voyant laisser de côté la question de la transportation. A ce grief nous répondrons qu'on est généralement d'accord pour n'entendre sous le nom de régimes pénitentiaires que les régimes métropolitains et que la transportation constitue une branche particulière de la science pénitentiaire ; c'est presque une science à part. Son principe même n'est pas universellement adopté et si M. Léveillé, — avec la majorité des criminalistes — proclame que c'est une question à peine entamée, M. Van Hamel affirme que c'est une question terminée. Nous n'hésiterons pas dans ces conditions à laisser de côté cette grosse question qui demanderait à elle seule, une étude volumineuse et nous conformant à notre titre ainsi justifié, nous consacrerons à son développement un travail qui présentera les trois divisions suivantes :

Nous examinerons d'abord le régime cellulaire : l'ordre chronologique la place en tête des systèmes où l'amendement soit envisagé. Certains criminalistes en effet considèrent, et surtout ont considéré, l'isolement absolu comme le dernier mot de la science : ils ont multiplié les précautions dans la pratique de l'isolement afin d'éviter les contagions corruptrices et de forcer le coupable à se réformer par la solitude absolue, par le silence et par les bons conseils. Une objection se présente tout de suite à ce système, dit Philadelphien, qui est encore celui de la Belgique (au moins en principe) ; s'il remplit d'une façon absolue la fonction négative dont nous avons parlé plus haut, il faut bien reconnaître qu'il est absolument insuffisant au point de vue de la fonction positive de s'en remettre à l'isolement du soin de réveiller chez le condamné notamment l'habitude du travail : pour recréer et fortifier l'énergie il faut y faire appel d'une façon constante.

C'est à cette interprétation de la fonction positive que correspond *le régime dit progressif* que nous examinerons ensuite : en deux mots sa formule est celle-ci : à mesure que le condamné paraît devenir digne de confiance le régime s'adoucit, laisse plus de part à son initiative et par étapes lui fait faire l'apprentissage de la liberté. On en trouve quelques applications dans notre législation : la libération conditionnelle n'est pas autre chose que l'épreuve de la sincérité de l'amendement du condamné. La loi de 1854 s'est fortement inspirée du régime progressif tel qu'il se pratique en Angleterre pour conduire les condamnés à la liberté par des étapes successives.

Nous avons enfin à étudier un troisième système dû à un américain de grand cœur, M. Brockway : le *système de réforme* : ici plus de peine, une éducation à faire, le juge en présence d'un délinquant susceptible d'amendement lui procure l'éducation sociale en le confiant à un établissement de réforme (*reformatory*) ; il n'y aura de peine que si le délinquant trompant l'attente du magistrat se montre réfractaire aux mesures qui lui sont appliquées. Sans doute ce système ne peut se généraliser et M. Brockway lui-même l'a limité en ne traitant que des délinquants primaires de 16 à 30 ans, mais, tel qu'il est, il marque un progrès si considérable et présente dans les conditions où il fonctionne des résultats si remarquables qu'il ne nous est pas permis de le passer sous silence.

Telles sont les institutions que nous allons avoir à examiner ; elles marquent historiquement et mo-

ralement les étapes dans l'ordre des faits de la grande
vérité que Liszt formule ainsi :

« Toute peine qui n'a pas d'effet moral n'est qu'une
barbarie inutile. »

PREMIÈRE PARTIE

RÉGIME CELLULAIRE

CHAPITRE PREMIER

L'EMPRISONNEMENT CELLULAIRE.

SECTION I. — Du régime commun.

La base actuellement adoptée de toute organisation pénitentiaire est, de quelque nom qu'on la nomme : l'emprisonnement. Il est deux manières de le subir (pour ne nous arrêter qu'à la division primordiale).

Le régime commun.

Le régime de l'isolement en cellule.

Il semble que le procès du régime commun ne soit plus à faire, il est depuis longtemps instruit et, croyons-nous, depuis longtemps jugé ; si quelques-uns agitent encore la question c'est que, en tous ordres d'idées, le principe du respect de la chose jugée rencontre malheureusement des réfractaires. Poser la question n'est-ce pas la résoudre ? Qu'est-ce en effet que la prison commune sinon la réunion dans une promiscuité redoutable de tous les vices, de toutes les turpitudes ? N'est-ce pas là, si l'on nous permet cette comparaison, le bouillon de culture idéal de tous les bacilles sociaux ?

Dès 1853, M. Bérenger, ancien pair de France, écrivait en un mémoire présenté à l'Académie des sciences morales et politiques : « d'une part, école mutuelle de perversité, avenir commun engagé dans le crime ; d'autre part et par suite, affiliations toutes formées, complicité forcée de la faiblesse, impuissance du repentir ». Lorsqu'en 1873 les cours d'appel de France furent consultées sur l'état de nos établissements pénitentiaires, elles furent unanimes, tout en rendant justice aux efforts de l'administration, à condamner le principe du régime en commun ; voici exprimée en un style vigoureux l'opinion générale : « que par l'énergie de la discipline la direction réussisse à maintenir l'ordre dans un pareil milieu, on s'empresse de le constater, mais que la démoralisation la plus fatalement contagieuse y puisse être prévenue ou réprimée, c'est un espoir tellement et depuis si longtemps déçu qu'il faut, plus hautement que jamais, le déclarer chimérique... le système actuel, loin de procurer l'amendement du coupable, est tellement corrupteur et générateur de

nouveaux crimes, qu'il constitue une école de perversité savante et un noviciat de récidive, de nature
à alarmer profondément la société (1) ». On peut répondre que les détenus qui se voient et ont ainsi l'illusion d'être en société n'ont aucune communication
puisque la loi du silence est d'une application générale et que jamais ils ne se trouvent livrés à euxmêmes en dehors de la présence de gardiens : en fait
on sait bien que si étroite que soit la surveillance,
si rigoureuse que puisse être la répression des moindres infractions elles sont nombreuses ; on n'en relève pas beaucoup il est vrai (2), mais ceux qui connaissent un peu les choses pénitentiaires savent que
les détenus n'ont pas besoin de la parole pour avoir
entre eux des communications suivies : le langage
télégraphique des sourds-muets a plus d'une imitation et il suffit d'avoir vu, dans les préaux cellulaires
par exemple, les signes les plus imperceptibles gravés avec l'ongle, avec une petite pierre, et qui signifient des phrases entières pour être fixé sur la portée
de cette prétendue séparation.

En réalité si le condamné est un délinquant primaire chez qui il existe encore des sentiments d'honneur, des remords à réveiller, une conscience à faire

(1) Rapport de la Cour de Douai : M. le conseiller Hardouin,
rapporteur.

(2) La statistique pénitentiaire du ministère de l'intérieur pour
l'année 1896 (la dernière parue) donne un total de 25.769 infractions
pour 15.055 détenus, soit 1,71 par détenu.

parler, les tortures morales qu'il subira dans la promiscuité de la prison commune ne peuvent être présentées comme un élément de la peine, elles en sont une aggravation indigne d'une société civilisée; mais il y a pire encore; loin d'être réveillée cette conscience sera couverte par un concert d'immoralités; timide, le malheureux sera entraîné à imiter ses compagnons, il entendra la voix perfide du récidiviste lui affirmant que la société repousse à jamais celui qui a une fois failli; orgueilleux, il sera entraîné aux haines farouches, aux serments de vengeance.

Si au contraire c'est un récidiviste qui vient purger une nouvelle condamnation, il rentrera dans le monde des habitudes anciennes, s'accommodant avec une ignoble aisance du régime déjà subi, il retrouvera la fâcheuse société déjà connue avec un malsain plaisir, apportant les nouvelles du dehors et ce sera alors entre anciennes connaissances, parfois entre anciens complices des projets d'avenir : de cette société sortira une association de malfaiteurs.

Il serait trop facile de nous appesantir sur les chances d'immoralité que présentent notamment les dortoirs communs, c'est un ordre d'idées où il répugne de s'arrêter, indiquons cependant en passant et d'un simple point d'interrogation certains dortoirs communs de 90 lits et surtout des cellules-dortoirs de 6 et 8 lits sans autre surveillance que

celle qui peut s'exercer par les judas de la porte
comme il s'en trouve dans certaines maisons de femmes (St-Lazare par exemple). On nous répondra
partiellement au moins à cette critique, nous le
savons, que les femmes ne peuvent supporter le régime de l'isolement, nous répondrons plus loin.

On le voit donc, le régime commun est loin de
répondre à la première fonction que nous réclamons
de toute peine : loin d'écarter du condamné les influences dégradantes, il les sème sur ses pas, il l'en
entoure ; c'est bien suivant l'expression énergique de
la Cour de Douai : un noviciat de récidive. On l'a si
bien senti que, dans la plupart des pays qui emploient
le régime en commun, on a compris la nécessité de
créer des quartiers de préservation ou d'amendement (1) pour ceux des condamnés qu'on n'ose pas
abandonner au régime dont on avoue ainsi l'impuissance moralisatrice ; c'est faire la part du feu, diront les partisans du régime : c'est en réalité un
aveu.

Et il faut bien reconnaître que c'est cependant le
minimum de moralité que l'on puisse demander à une
peine de ne pas dégrader ceux qu'elle frappe.

Le régime commun est donc tout à fait insuffisant
au point de vue de la fonction négative, voyons si au
moins il est plus satisfaisant au point de vue de la

____

(1) Les quartiers d'amendement remontent en France à 1865.
V. *Code des prisons*, t. V, p. 161.

fonction positive. Celle-ci emporte comme principaux moyens de moralisation, l'enseignement (instruction primaire), l'éducation religieuse, le travail. Nous croyons qu'à aucun de ces trois points de vue la vie en commun n'est nécessaire ni même utile.

Au point de vue de l'enseignement primaire ou religieux on dira qu'il ne peut ne pas être collectif, il est vrai, mais les détenus peuvent aussi bien être réunis dans des classes alvéolaires, telles que la chapelle des prisons de Louvain ou de Fresnes et recevoir ainsi cet enseignement collectif que s'ils sont soumis au régime de l'isolement. La seule remarque que l'on puisse faire est que la surveillance est bien plus difficile à exercer sur des détenus assis côte à côte et les tentations encore beaucoup plus nombreuses pour eux. Et elle n'est pas à l'éloge du système !

Quant au travail, ce n'est pas comme un élément de la peine qu'il doit être envisagé. « Ce n'est même pas uniquement, dit judicieusement un ministre français (1), comme un moyen de maintenir l'ordre et la discipline au sein de la population des prisons. La nécessité d'y astreindre les détenus procède d'un ordre d'idées plus élevé. C'est avant tout parce que le travail est un devoir social auquel nul ne doit se soustraire.

(1) M. René Goblet, ministre de l'intérieur, envoi d'un arrêté portant réglementation du travail dans les maisons centrales, 15 avril 1882.

D'autre part, à la différence de quelques législations étrangères, la nôtre admet les condamnés à profiter d'une quotité déterminée du produit de leur main-d'œuvre. Une partie du pécule ainsi constitué sert à leur procurer, s'ils le méritent par leur bonne conduite et leur application, quelques adoucissements pendant leur détention (art. 21 et 41, C. pén.), principalement en ce qui touche l'alimentation que les règlements ont sagement limitée au strict nécessaire : il leur est rappelé ainsi qu'il n'est de jouissance légitime que celle qui vient d'un salaire laborieusement acquis, et on peut espérer leur faire contracter, à la longue, sinon le goût au moins l'habitude du travail d'où doit résulter pour eux un premier relèvement moral. L'autre partie est destinée, en assurant à tous des moyens d'existence pour la période si critique qui suit la sortie de prison, à diminuer pour les libérés animés de saines résolutions les chances de récidive. »

Tout ceci est très juste et même dans les pays qui ne pratiquent pas cet usage du pécule il reste vrai qu'il faut donner au détenu plus que l'habitude, le goût du travail, car il est la condition nécessaire d'une vie honorable dans l'avenir.

Ceci établi, le travail commun répond-il à ce but ? Tout d'abord la discipline et la tenue de l'atelier lui donnent fatalement l'aspect d'un élément de la peine, il n'est pas et ne peut guère être présenté aux détenus sous ce jour si élevé d'obligation sociale, ni surtout sous les apparences d'une distraction, de recours précieux contre l'isolement : c'est une contrainte.

Dira-t-on que le travail commun permet la pratique et l'enseignement de travaux plus lucratifs : évidemment un grand nombre d'industries ne peuvent d'une part s'exercer en cellule et d'autre part l'enseignement est plus difficile à donner à des isolés que dans un atelier commun ; mais le champ des industries humaines est assez vaste pour fournir un grand nombre de travaux qui se peuvent faire individuellement. On citera il est vrai un exemple : la prison centrale de Melun renferme une « imprimerie administrative » d'où sortent nombre de publications officielles et nous devons reconnaître que ses produits, surtout eu égard à la qualité des ouvriers, sont absolument remarquables (1). C'est là un exemple intéressant, mais nous ne croyons pas qu'on puisse en tirer un principe général ; on verra plus loin que le régime de l'isolement présente au point de vue du travail et de sa puissance moralisatrice de précieux avantages. L'un des avantages que certains criminalistes attribuent au régime collectif est de permettre au détenu de faire l'apprentissage de la

____

(1) Au mois de mai 1899, sur 114 détenus qui y étaient employés, en outre des contremaîtres libres, 4 détenus seulement connaissaient le métier avant la condamnation.

volonté ; l'isolement, dit en substance M. Charles Lucas (1), méconnaît les conditions dans lesquelles le détenu est appelé à se retrouver à sa libération, et lui ôte le moyen d'affirmer sa volonté contre les tentations qui sont le résultat de la liberté.

Dans la détention commune au contraire, les tentations, les mauvais exemples se rencontrent à chaque pas ; le détenu qui n'y cède pas fait l'épreuve et la preuve d'un amendement sincère et bien trempé. L'argument est séduisant mais ne peut-on pas le réfuter victorieusement par cette simple remarque que lorsque le condamné a failli, il avait sous les yeux des tentations et de mauvais exemples sans doute, mais il en avait aussi de bons et plus assurément qu'au milieu de condamnés. S'il n'a pas eu la force de les suivre, peut-on espérer que c'est lorsqu'il sera tombé dans un milieu plus malsain et dégradé à ses propres yeux même qu'il aura plus de vigueur morale et pourra remonter, si nous osons faire cette comparaison, un courant beaucoup plus fort que celui qui l'a entraîné une première fois ?

Il est encore un reproche que nous ferons à la détention commune, elle nous paraît rendre singulièrement plus difficile l'action moralisatrice soit du personnel de surveillance ou d'enseignement soit des personnes dévouées : commissaires de surveillance ou membres de sociétés de patronage qui apportent dans la prison des paroles de consolation et de

____
(1) Théorie de l'emprisonnement.

relèvement. Il est certain que pour agir efficacement sur un détenu il faut pouvoir pénétrer son caractère afin de savoir comment l'émouvoir, l'intéresser, à quels sentiments faire appel ; il faut en un mot individualiser son action, cela est à peu près impossible dans la détention commune. La malveillance, les railleries des codétenus sont un antagoniste permanent et puis il faut bien se dire que le malheureux tombé là préfèrera toujours la société de ceux qui pensent et vivent comme lui aux inconnus qui viennent de temps à autre lui enseigner le bien.

Si donc on veut dresser au point de vue qui nous occupe le bilan du régime commun, ce sera : pour la fonction négative, faillite complète. Loin de préserver le détenu, il accumule autour de lui les tentations néfastes, les exemples déprimants, les promiscuités dégradantes. Pour la fonction positive : aucun avantage et au contraire de sérieux inconvénients.

SECTION II. — Du régime cellulaire.

On appelle régime cellulaire d'une manière générale celui dans lequel chaque détenu est séparé de ses codétenus et confiné dans une cellule : le régime proprement dit comporte l'isolement perpétuel ; en remontant à son origine on l'appelle régime pensylvanien, mais on étend le titre au régime dit auburnien dans lequel le détenu travaille dans les ateliers communs et n'est mis en cellule que la nuit et les jours de repos.

Il y a donc là une première distinction à faire, mais une seconde s'impose immédiatement : l'isolement peut être employé, soit durant la prévention, soit au début d'une peine progressive (V. 2° partie), soit enfin durant toute l'exécution de la peine.

Au point de vue de la prévention, il n'est pas besoin d'un long examen pour justifier l'emploi de la cellule : le prévenu qui n'est pas encore et ne sera peut-être jamais un condamné, ne peut être en aucune façon mêlé à la vie de ceux qui subissent une peine ; il ne peut être question de lui imposer le même régime ; d'autre part, la solitude et le recueillement qui sont nécessaires à la préparation de sa défense doivent lui être assurés ; l'encellulement s'impose donc lorsque le magistrat instructeur croit devoir garder l'inculpé à la disposition de la justice.

La cellule envisagée comme première étape d'un régime progressif devant être examinée dans la seconde partie de cette étude, nous examinerons de suite le régime de l'isolement comme peine unique. Nous avons signalé deux variétés : le système pensylvanien qui est celui de l'isolement continu et le :

Système auburnien. — Basé sur l'isolement de nuit et le travail en commun sous la loi du silence. Nous pourrons lui adresser à peu près toutes les critiques déjà formulées contre le régime commun ;

sans doute l'immoralité des dortoirs, plus ou moins
insuffisamment surveillés, est supprimée ; les communications entre codétenus sont rendues plus dif-
ficiles, mais sans revenir sur ce que nous avons dit
à propos des communications et du silence, nous ci-
terons encore le rapport de la Cour de Dijon (1873) :
« La réunion silencieuse n'entrave que les longs
et bruyants entretiens, mais ne prévient aucun des
dangers de la vie commune, ni les confidences immo-
rales, ni les liaisons pernicieuses, ni la possibilité
pour les détenus de se joindre à leur libération et de
s'associer pour de nouveaux méfaits. » — « Se voir,
c'est se connaître, et se connaître, c'est se perdre mutuellement », dit encore un autre rapport.

Ajoutons que les partisans de ce système sont unanimes à souhaiter la répartition des condamnés en
plusieurs catégories ; mais sur quoi baser une classification ? L'âge, l'origine, la profession des détenus
ne peuvent renseigner sur leur degré de criminalité :
dès lors, on ne peut recourir qu'à une classification
faite en cours de peine et basée sur la conduite actuelle du détenu. Or cela, c'est tout simplement le
principe du système Irlandais ou système progressif : c'est tout autre chose qu'un régime cellulaire.

Écartons donc le système auburnien : s'il conserve
la plupart des inconvénients du régime commun,
il n'y joint pas les avantages du régime purement
cellulaire ; c'est donc avec celui-ci seulement que nous
allons examiner le régime de l'isolement.

Système pensylvanien. — Le régime pensylvanien, comme nous le verrons plus loin, consistait à ses débuts en un emprisonnement solitaire inactif, le détenu était retranché du nombre des vivants, en proie à la réflexion et au remords sur qui on comptait pour provoquer chez lui un retour au bien. Il en résulta une dépression morale et physique qui est restée le principal argument des ennemis du régime de l'isolement : on dut alors le modifier. Ce fut dans l'Etat de New-York le travail en commun, à Philadelphie le travail dans la cellule. Les détenus trouvèrent dans le travail en même temps qu'une consolation un élément puissant de réforme : de nos jours on ne conçoit plus l'emprisonnement sans l'obligation au travail.

A. — *Fonction négative.*

Pour la fonction négative qui doit assurer la première phase de l'amendement il nous apparaît au premier coup d'œil que l'isolement présente de nombreux avantages ; nous avons signalé plus haut ce danger du régime commun : les codétenus se dépravent mutuellement. Placé dans l'isolement absolu au contraire le détenu peut se croire seul dans sa prison ; introduit dès son immatriculation dans la cellule où s'écoulera le temps de sa peine il n'a rencontré entre le greffe et sa nouvelle demeure que des surveillants, ou s'il a vu des codétenus ils étaient

voilés d'une cagoule qui, masquant leurs traits, en
faisait des ombres anonymes (1). Dans la cellule il
n'est en but qu'à des influences salutaires ; les lectures qu'il fait, les enseignements qu'il reçoit, les
conversations qu'il tient ; tout l'invite à oublier et à
mépriser son passé. Au préau il est seul toujours
avec ses réflexions et le jour de la libération lorsqu'un agent de l'administration lui ayant remis les
effets qu'il avait à son entrée il aura reçu son pécule disponible et que la porte se refermera sur lui,
il ne pourra pas se dire : « Je laisse derrière moi un
tel et un tel qui seront libres à telle date, nous nous
retrouverons. »

Ah ! c'est qu'il y a dans cette rencontre un danger
certain ; ou bien ce sont des incorrigibles qui auront
combiné durant leur détention quelque *bon coup* et
la peine sera devenue la préparation de la récidive
en faisant éclore une association de malfaiteurs, ou
bien l'un des libérés s'est amendé, et si pour son
malheur un ancien compagnon de détention le retrouve : c'en est fait de lui. Il suffira de ces paroles
qu'il n'hésitera pas à prononcer : « tu ne me recon-
nais pas ? on était ensemble à la centrale », pour le
faire chasser de son atelier, heureux si, plus rusé

(1) La cagoule est un treillis en filet de coton à mailles de
5 mm. de côté qui est fixé au cou comme un capuchon et qui se
rabat, tiré par la main, sur toute la tête qu'il enserre et sur le
visage qu'il recouvre. Généralement 2 trous sont percés à la hauteur des yeux. Elle est employée en France et en Belgique.

encore, le *cheval de retour* ne devient pas par un chantage constant le parasite de l'intéressant reclassé.

Cette protection contre les co-détenus est la principale, l'indispensable forme de la fonction négative : s'ils sont dangereux à l'époque de la libération, combien plus ne le sont-ils pas moralement en cours de peine : un délinquant primaire n'est pas forcément perverti, loin de là ! Mille causes ont pu l'entraîner à une infraction qui n'implique pas une démoralisation complète. Nous oserons dire : même partielle. Tout le monde a présent à l'esprit l'exemple, malheureusement quotidien à l'audience, du caissier parfaitement honnête que l'envie d'un peu de luxe, une fille de hasard à satisfaire, ou un cheval à grosse cote à jouer aux courses, a entraîné à emprunter à la caisse du patron une somme qu'il est parfaitement décidé à y faire rentrer : la fille disparaît, le cheval ne gagne pas, ... et le malheureux à l'échéance se voit octroyer quelques années de prison : celui-ci demandera de lui-même l'isolement, et si nous admettons que la fonction première et la plus haute de la peine est la réforme nous reconnaîtrons que le repentir qui l'a poursuivi, dès l'accomplissement de son acte indélicat peut-être, a droit à l'isolement et que la société a le devoir impérieux d'éviter à cette conscience encore éveillée les promiscuités dangereuses et les propos décourageants de ces récidivistes habitués à considérer la prison comme un gîte assuré et les codétenus comme des complices éventuels qui lui diront que la société repousse à tout jamais ceux qu'elle a une fois et temporairement rejetés de son sein.

Nous arrêterons-nous au grief que l'on prétend baser scientifiquement sur les dangers matériels de l'isolement? Non seulement, dit-on, on ne peut prétendre amender des gens que l'on soumet à un régime abrutissant, mais de plus la société n'a pas le droit d'exposer ceux qu'elle punit à devenir aliénés?

C'est là un bien gros reproche, mais dont il est assez facile de faire justice.

Sans remonter jusqu'à l'approbation que l'académie de médecine donnait dès 1839 au régime cellulaire nous ferons tout d'abord remarquer qu'avant d'attribuer à tel ou tel régime les cas relativement nombreux d'aliénation qui se produisent parmi les détenus, il faut d'abord reconnaître qu'en général les criminels présentent une nature psychique abaissée.

Loin de nous la pensée d'évoquer ici la redoutable question du critérium physiologique de la responsabilité, mais il suffit de remarquer dans quelles classes se recrute la grande majorité de l'armée du crime pour connaître qu'on a affaire en général à des gens physiquement et moralement débilités. En faveur de la cellule nous invoquerons la haute autorité d'un homme dont la compétence en matière pénitentiaire est indiscutable, M. le sénateur Bérenger (1) : « le repos, dit-il est le meilleur remède contre l'effet des secousses morales ; l'homme isolé retrouve plus vite le calme et la paix.

Celui qui se trouve jeté au milieu de gens curieux qui l'épient, qui le tournent en dérision peut-être, ne retrouvera pas aussi facilement son assiette. »

Citons maintenant des chiffres : en une période de 14 années on a eu à enregistrer à Mazas 32 suicides, or : 12 se sont produits dans les 10 premiers jours de l'emprisonnement et 6 dans les 10 jours suivants. Deux au delà du 67e jour, un seul au 192e : il semble donc que loin d'être inspirées par l'isolement, les résolutions désespérées soient tempérées et écartées par lui.

En laissant de côté ce chef d'accusation, faudra-t-il reconnaître que l'encellulement, au moins l'encellulement prolongé, soit funeste comme le prétendent ses adversaires ? Des chiffres que nous venons de citer, ne pouvons-nous pas conclure tout d'abord que le détenu s'habitue rapidement à la cellule et que les débuts seuls sont à craindre ? Il existe, il faut bien le reconnaître, une division profonde sur cette question ; les résultats ont été examinés et appréciés de la façon la plus différente : dès 1882 un avocat

_____

(1) Discours au Sénat, 23 mars 1884.

portugais, M. Mattos, allait étudier en Belgique les résultats de la loi de 1870 et s'élevait énergiquement contre l'encellulement prolongé : peut-être était-il un peu tôt pour se former une idée, 64 détenus seulement avaient subi 10 ans de cellule ; c'est un nombre un peu restreint pour baser une appréciation générale. Puis vinrent les visites de M. Georges Picot et du docteur Voisin qui rapportèrent une impression tout opposée que devait confirmer encore en 1890 l'homme éminent dont nous avons eu déjà à invoquer le témoignage, M. le sénateur Bérenger.

L'encellulement prolongé trouve d'énergiques adversaires dans la sensibilité de M. Jules Simon, dans les constatations de M. le professeur Léveillé et de M. Paullian, secrétaire-rédacteur à la Chambre des députés. Ceux-ci évoquant le souvenir d'un détenu qu'on leur a présenté à Louvain et qui était en train de subir sa 30ᵉ année de cellule font remarquer que cet homme était « déshabitué de la vie ».

Nous avons vu aussi ce détenu qui excitait fortement, nous l'avouons, notre curiosité et nous demandons la permission de consigner à notre tour nos impressions. Cet homme, qui est presque un vieillard, paraît à peine son âge, il jouit d'une santé très satisfaisante. La preuve en est que la commission médicale (instituée en 1889 et sur laquelle nous aurons à revenir dans notre chapitre II) n'a pas jugé utile de lui imposer le régime commun. Nous l'avons trouvé, il est vrai, dans une cellule d'infirmerie, mais où il était appelé par une indisposition passagère et non par un affaiblissement ou une maladie chronique, occupé à la lecture d'un ouvrage auquel il nous a dit prendre intérêt et qu'il paraissait comprendre à merveille.

Qu'est-ce donc que cette vie « dont il avait perdu l'habitude » ? La vie libre ? Mais à ce compte nous demanderons si le français condamné aux travaux forcés à perpétuité et qui en est arrivé à sa 30e, même à sa 20e année de peine a très présentes à l'esprit les conditions de l'existence d'un homme libre dans la société de la métropole. Et quand cela serait : ne serait-ce pas une aggravation inutile et partant inadmissible de la peine que cette conscience, c'est-à-dire ce regret, entretenu chez un homme qui n'aura plus jamais à y faire appel ? Il y a là d'ailleurs un côté spécial de la question : celui de savoir si l'encellulement doit être employé pour la peine perpétuelle ; à coup sûr l'imposer au condamné serait un étrange abus de la force ; le lui accorder sur sa demande comme le fait la loi belge ne nous semble nullement inadmissible : mais ici il convient de nous arrêter, car aller plus loin serait soulever la grave question de la transportation.

On a dit enfin et l'on soutient encore parfois que le tempérament particulièrement nerveux et impressionnable de la femme ne permet pas de l'astreindre à l'isolement : nous répondrons d'abord en invoquant le témoignage d'une femme : Dona C. Arenal, dans une communication au congrès de Stockholm, s'exprime ainsi : « La femme est plus docile, plus résignée, elle a des habitudes plus sédentaires et, par conséquent, s'accordera sinon mieux du moins aussi bien que l'homme à la réclusion cellulaire. En outre, chez elle, le sentiment religieux est plus fort, ce qui lui donne un moyen de plus d'adoucir les amertumes de la solitude. »

Nous signalerons ensuite les rapports des administrations belge, allemande et hollandaise qui accusent les résultats les plus satisfaisants.

B. — *Fonction positive.*

Si nous envisageons à présent le régime de l'isolement dans sa fonction positive, nous aurons à examiner successivement : L'influence morale des visiteurs admis auprès des détenus et notamment celle des aumôniers. — Les résultats de l'enseignement. — La question du travail.

α) *L'action morale.* — Dès l'enquête qu'ils firent en 1843, MM. G. de Beaumont et A. de Tocqueville signalaient en ces termes l'un des avantages de l'isolement (1) : « Est-il une combinaison plus puissante pour la réforme que celle d'une prison qui livre le cri-

____

(1) G. de Beaumont et A. de Tocqueville, *Du système pénitentiaire aux Etats-Unis et de son application en France.*

minel à toutes les épreuves de l'isolement, le conduit par la réflexion au remords, à l'espérance par la religion, le rend laborieux par les ennuis de l'oisiveté et qui, en lui infligeant le supplice de la solitude et de l'isolement, lui fait trouver un charme extrême dans l'entretien des hommes pieux, qu'autrefois il eût vus avec indifférence et entendus sans plaisir ? »

C'est un des inconvénients que nous avions relevés contre le régime commun, la méfiance inspirée par les visiteurs et l'antagonisme qui s'établit presque fatalement entre leurs exhortations et les propos malsains des codétenus : dans l'isolement au contraire l'ennui dont ils souffrent prédispose les détenus à la sympathie : ils sont attirés vers tout ce qui vient rompre la monotonie de leur existence : la moindre distraction a pour eux un prix inestimable. Le détenu écoute donc avidement tout ce qui lui est dit, et, le visiteur parti, il agite longuement dans son esprit ce qu'il vient d'entendre : c'est déjà une orientation salutaire qui est donnée à sa pensée, c'est bientôt une influence qui s'exerce.

C'est un phénomène établi par l'expérience que cette sympathie et cette confiance des détenus. Si nous nous reportons au rapport déjà cité du directeur de Mazas nous y lisons : « Tous les détenus se montrent très reconnaissants des visites qui leur sont faites ; ils accueillent avec une déférence et une joie visibles les encouragements et les exhortations qui leur sont adressées par le directeur. » — « On peut le constater, dit-il encore, par l'apaisement d'une certaine irritabilité nerveuse indépendante de la volonté du prisonnier, et enfin par une plus grande déférence envers les surveillants. »

S'il nous est permis d'introduire ici une impression personnelle, à côté de la morne indifférence avec laquelle les détenus de certaines maisons communes nous ont accueilli, nous signalerons l'élan de reconnaissance avec lequel les prisonniers de Louvain et de St-Gilles à qui il nous fut permis d'adresser la parole semblaient accueillir les quelques mots que nous leur disions : il nous souvient tout particulièrement d'un détenu, assez âgé déjà, qui nous traduisait avec un touchant orgueil quelques mots d'un ouvrage écrit en wallon ; il étudiait le français depuis trois mois à peine.

Parmi les influences à qui la cellule permet de s'exercer plus efficacement il convient de placer celle des aumôniers et pasteurs : bon nombre de fonctionnaires affirment avec un certain scepticisme que la pompe des cérémonies religieuses est pour beaucoup dans la conviction avec laquelle les détenus déclarent pratiquer telle ou telle religion : peut-être y a-t-il là un peu de vrai pour le culte catholique qui comporte des chants et de la musique mais pour la plupart des confessions protestantes et pour la religion juive qui ne comportent que des instructions dans un local peu somptueux (généralement le prétoire) la remarque semble perdre singulièrement de sa force.

Il nous paraît plus exact de dire que si d'une part bon nombre de détenus, attirés simplement par l'espoir d'une distraction, se réclament à leur incarcération de tel ou tel culte (et ils sont en général astreints à le suivre ensuite régulièrement) il y en a un très grand nombre dont l'assiduité et la sincérité sont dues à l'influence de l'aumônier (bien entendu ce mot qui vient le premier sous notre plume veut dire, d'une manière générale : ministre du culte auquel se rattache le détenu).

Le docteur Wines s'exprimait ainsi au Congrès de Londres : « l'importance de l'instruction religieuse des prisonniers ne saurait être exagérée. Les systèmes de répression, les remontrances et les conseils les plus persuasifs, tout cela est impuissant si le cœur et la conscience qui demeurent toujours en dehors de la contrainte extérieure ne sont pas touchés. »

N'a-t-elle pas aussi pour l'avenir une portée considérable ? M. de Tocqueville a écrit très justement : « les religions donnent l'habitude générale de se comporter en vue de l'avenir. En ceci elles ne sont pas moins utiles au bonheur de cette vie qu'à la félicité de l'autre. C'est un de leurs grands côtés politiques (1). »

C'est à l'égard de cette influence religieuse surtout que l'emprisonnement commun exerce son pernicieux effet ; le scepticisme réel ou affecté des détenus pris en masse est un mur de glace presqu'impossible à attaquer de front. L'encellulement au contraire, en aiguisant la sensibilité du détenu, en le faisant se replier sur lui-même, enfin en le dégageant de cette entrave qui s'appelle le respect humain, le prédispose à bien accueillir des paroles de consolation et d'espérance. Le ministre du culte se présente alors dans d'excellentes conditions : Depuis l'acte criminel, le détenu a été en lutte avec la société : gens de police, magistrats, geôliers, tous ont été des ennemis de la part desquels il a essuyé une série de défaites : il n'en est pas encore au recueillement, mais à l'abattement du vaincu. Quand la porte s'ouvre : un homme — bienvenu déjà dans sa solitude — s'avance, et le premier mot qu'il prononce est celui de *frère* ou de *fils*, c'est généralement un enfant du peuple, un humble toujours, à qui n'est dévolue nulle part de la puissance sociale. Il revient discrètement sur le passé et s'étend sur l'avenir avec des paroles qui enseignent et qui préparent. — « L'aumônier ne devra jamais perdre de vue le but éducatif de son ensei-

(1) *Démocratie en Amérique*, chap. XVII.

gnement » , proclamait à Düsseldorff le mois dernier M. l'abbé Zodrow, curé de Siegburg (V. *Revue pénitentiaire*, 1899, n° 7, p. 1051). Il est écouté, il n'a plus alors qu'à graduer son action en évitant un prosélytisme trop ardent. Son influence peut être excellente surtout pour l'époque de la libération, car sa situation indépendante lui permet, tant vis-à-vis de la famille du détenu que vis-à-vis des œuvres de patronage, des démarches dont l'administration ne peut évidemment prendre l'initiative.

β) *L'enseignement.* — Il ne peut évidemment être donné individuellement dans les cellules, mais on obvie à cet inconvénient par l'emploi des classes alvéolaires ; pour un certain nombre de cours et conférences, on a recours dans un grand nombre d'établissements aux chapelles qui présentent cette disposition et permettent de réunir un grand nombre de détenus (1).

Nous ne répéterons pas ici tout ce que nous avons dit déjà à l'éloge du régime cellulaire, sur l'état de curiosité et de sympathie qu'il provoque généralement sur le détenu pour tout ce qui vient animer sa solitude et fournir un élément à son activité intellectuelle : la lecture est une ressource précieuse : elle est le fruit et le résultat de l'instruction : elle est un puissant moyen de moralisation (2) ; dans certains

(1) La chapelle de St-Gilles-lez-Bruxelles contient 600 stalles cellulaires placées en amphithéâtre.

(2) Il serait superflu de donner ici des indications détaillées sur

pays surtout où la statistique prouve que la misère et l'ignorance se rencontrent à l'origine de la plupart des chutes.

Le détenu isolé a donc plus de goût pour l'étude et il est certainement, ici comme pour toutes les influences moralisatrices, mieux préparé à la pratiquer avec fruit.

Un chiffre nous suffira, nous le trouvons dans la statistique pénitentiaire du ministère de l'intérieur pour 1896 :

DÉTENUS SOUMIS :	AU RÉGIME COMMUN	A L'ISOLEMENT
Ont profité de l'enseignement.......	83.44	92.28
N'en ont pas profité.................	16.56	7.72
	100.00	100.00

Ces chiffres sont généraux et s'appliquent à tous les détenus, depuis les illettrés jusqu'à ceux qui « ont reçu le complément de l'instruction primaire ».

γ) *Le travail.* — Nous avons examiné la question du travail au point de vue du régime commun ; nous ne nous arrêterons pas ici, car c'est un point de vue

les catalogues des bibliothèques d'établissements pénitentiaires : disons seulement qu'elles présentent à peu près dans tous les pays le même choix : histoire nationale, principaux chefs-d'œuvre de la littérature nationale, quelques ouvrages élémentaires de philosophie, ou tout au moins de morale, voyages et romans. Ajoutons que partout les livres sont mis de la façon la plus large à la disposition des détenus et que ceux-ci n'en sont privés que par mesure disciplinaire, en général même seulement lorsqu'il y a eu lacération ou usage immoral des livres prêtés.

étranger à l'ordre d'idées que nous envisageons, aux difficultés matérielles d'organisation du travail dans les établissements cellulaires.

Nous invoquerons encore ici le témoignage de M. de Tocqueville dont, à l'aurore de la question, la haute sagacité avait déjà entrevu tout ce qui s'est réalisé depuis : « pendant les longues heures de solitude, que deviendrait sans cette distraction l'homme livré à lui-même, en proie aux remords de son âme et aux tortures de son imagination ? Le travail remplit la cellule solitaire d'un intérêt ; il fatigue le corps et repose l'âme. Il est assez remarquable que ces hommes, dont la plupart ont été conduits au crime par la paresse et la fainéantise, sont réduits, par les tourments de l'isolement, à trouver dans le travail leur unique consolation : en détestant l'oisiveté, ils s'accoutument à haïr la cause première de leur infortune et le travail, en les consolant, leur fait aimer le seul moyen qu'ils auront un jour de gagner honnêtement leur vie. »

Voici donc un premier avantage : le travail aux yeux du détenu est tout d'abord une distraction ; le règlement de la prison de Louvain qui peut passer pour un monument de sagesse pénitentiaire permet de laisser le détenu quelques jours dans l'inaction afin de provoquer une demande de travail de sa part.

Il est à remarquer d'autre part que plusieurs

rapports de fonctionnaires français signalent ce fait
que dès leur incarcération la plupart des détenus
réclament de l'ouvrage. C'est donc bien le goût du
travail que souhaite M. Goblet (V. p. 14). Nous
prétendons en outre démontrer que le travail en cellule est plus rémunérateur et meilleur pour le détenu, nous l'avons vu déjà : le travail en atelier se
présente bien plus comme une aggravation de la
peine que comme une distraction, d'où bien plus de
chances pour que le détenu l'envisage plutôt avec
répugnance qu'avec sympathie. Il en résulte nécessairement que l'apprentissage, d'une part, se prolon-
gera et que, d'autre part, les distractions et les mauvais conseils aidant, la qualité du travail s'en res-
sentira. Au contraire, dans la solitude toutes les
forces de l'intelligence du détenu sont tournées vers
son travail, les progrès qu'il réalise sont la source
de satisfactions légitimes et profondes ; suivant le
vers exquis du poète :

« On finit par aimer tout ce vers quoi l'on rame » (1).

Aussi l'expérience acquise correspondra au goût
du métier qu'il exerce avec plaisir et avec intelligence.

C'est ainsi que nous avons vu à Louvain un détenu pourvu d'une instruction supérieure qui, exerçant la profession d'ouvrier mécanicien, avait em-

(1) E. Rostand, *La princesse lointaine.*

ployé ses heures de loisir à confectionner un modèle
réduit des machines qu'il avait conduites avant sa
condamnation et s'étudiait à y apporter les perfec-
tionnements que son expérience lui avait suggérés.

Le travail ainsi pratiqué a donc une grande force
moralisatrice dans le présent et dans l'avenir puisqu'il assure le détenu contre les incertitudes et les
écueils de la libération ; cela à deux points de vue :
d'abord en lui mettant dans la main un métier qu'il
connaît bien et qu'il cherchera à exercer, ensuite en
lui assurant des ressources plus considérables, ce travail exécuté comme nous venons de le voir produisant
à coup sûr beaucoup plus (1).

Y a-t-il lieu de nous arrêter à cette critique adressée souvent au régime cellulaire d'opposer à l'exercice d'un grand nombre d'industries un obstacle
insurmontable ? Cela n'est vrai que pour les professions agricoles, car il existe un très grand nombre
d'industries auxquelles peuvent s'employer les détenus isolés. Lorsque la question se posa au Parlement
lors de la discussion de la loi de 1875, M. d'Hausson-
ville, qui en était le rapporteur, y répondit en signa-
lant la souplesse avec laquelle les entrepreneurs qui

(1) Rapport de M. de Vries, ministre de Hollande, au congrès de
l'union : « Le produit du travail a été beaucoup plus élevé sous
le régime cellulaire que sous le régime en commun ; qu'on attribue ce résultat, soit au zèle des ouvriers, soit à un travail plus
lucratif et par conséquent plus stimulant et plus utile, la comparaison est tout à l'avantage du régime cellulaire. »

faisaient travailler dans les prisons pliaient leur production aux caprices du commerce parisien.

Et nous trouvons ici un nouvel élément du travail du détenu : il faut autant que possible qu'il exécute le travail en entier et non en petite partie d'un tout qui lui reste étranger : il y prend beaucoup plus d'intérêt et ressent alors cette satisfaction légitime qui suit l'achèvement d'un travail personnel. Or ce sera généralement le type du travail cellulaire qui exclut la collaboration simultanée.

Si nous remarquons que l'isolement exige généralement que l'outillage soit relativement peu considérable de par l'exiguïté de la cellule, nous reconnaîtrons qu'il y a là encore une condition très intéressante pour l'époque de la libération. La situation du détenu à cette époque peut donc se résumer ainsi : il exerce avec goût un métier qu'il connaît généralement bien, métier individuel, assez rémunérateur et nécessitant peu de frais d'établissement.

δ) *La discipline.* — Il est impossible, après avoir vu comment s'organise le traitement, de ne pas dire quelques mots de la discipline : peines et récompenses. Dans le régime commun où il faut nécessairement mener les détenus avec une grande énergie par ce seul fait qu'ils sont réunis, il faut que les punitions revêtent un caractère physique (loin de nous la pensée de préconiser les châtiments corporels encore admis par certaines législations (Angleterre), telles sont : la privation de cantine, d'aliments autres que le pain, de promenade, la cellule de punition, la salle de discipline. — Il est impossible, d'ailleurs, d'agir moralement sur les détenus en commun comme sur les détenus isolés ; et disons en passant qu'il y a là une question pratique d'une grande importance au point de vue du choix du personnel : l'énergie, le sang-froid sont avant tout nécessaires dans le quartier commun ; avec les isolés, il faut que les agents soient capables d'étudier leurs détenus, de pénétrer leur caractère afin de pouvoir individualiser une action qui doit être surtout morale. Sur les détenus isolés on pourra et on devra avoir recours à des punitions qui atteignent leur moral : la privation de lectures, de visites, le retrait d'objets accordés à titre de récompense, la suppression des gratifications, etc. De même les récompenses ne pourront, dans le régime commun, présenter le même caractère moral qu'elles affecteront dans le régime cellulaire ; citons encore ici le règlement de Louvain qui prévoit : l'octroi de certaines distractions : dons de livres, d'estampes, d'outils. — La multiplication des visites et de la correspondance, etc...

Il y aura ainsi action mutuelle des récompenses sur l'amendement qu'elles feront avancer et de l'amendement sur les récompenses que ses progrès feront multiplier.

ε) *Conclusion.* — Si nous résumons maintenant,

d'un coup d'œil général, tout ce qui vient d'être dit sur la cellule, il semble qu'elle soit le meilleur moyen d'individualisation ; qu'exerçant la fonction négative de la répression d'une façon radicale et la fonction positive avec une grande intensité elle soit le régime qui assure le plus complètement l'amendement.

Nous nous arrêterons cependant à un grief déjà reproduit au cours de notre étude : nous croyons que si elle peut provoquer la réforme radicale chez quelques tempéraments, il est à craindre qu'elle ne libère pas un nombre considérable de détenus devenus des « citoyens respectueux des lois », suivant l'expression de M. de Tocqueville, et cela parce qu'elle s'éloigne trop de la vie normale et ne place pas suffisamment le détenu en face des tentations : il faut pour éprouver la solidité apparente de l'amendement d'un homme — solidité sur laquelle il peut s'illusionner lui-même — un régime qui l'éloigne le moins possible des conditions et des initiatives nécessaires de la vie en société.

Les statistiques de certains États, de la Belgique notamment, semblent triompher de cet argument ; mais les chiffres sont parfois complaisants. Pour la Belgique en particulier, nous ferons remarquer qu'elle a conservé la surveillance de la haute police que ne connaissent plus les libérés français ; or cette institution, très rigoureuse dans un État de peu d'étendue, conduit tout naturellement les libérés à qui des lectures habilement choisies ont donné de précieuses connaissances géographiques à aller chercher une liberté plus complète sur les territoires voisins, et peut-être bien que, si les tribunaux français, luxembourgeois, hollandais et allemands, voire anglais, offraient les registres de leurs greffes pour compléter la statistique des récidivistes belges, la moyenne des amendés s'abaisserait considérablement. Il y a là en effet un moyen d'élimination très simple : ce que M. le professeur Léveillé appelle heureusement : la transportation aux dépens des voisins. Il faut ajouter de suite qu'en alléguant ces faits de l'exactitude desquels nous sommes convaincus et qui devaient trouver leur place dans cette discussion, nous ne voulons nullement diminuer la valeur de l'organisation des Belges ni la générosité de leurs efforts auxquels, au contraire, nous rendons un hommage bien mérité.

En résumé, le seul grief sérieux qui nous semble devoir subsister contre la cellule —nous croyons avoir fait justice des autres — c'est qu'elle s'éloigne trop des conditions de la vie libre.

SECTION III. — Les origines.

Il est impossible d'examiner l'état actuel du régime cellulaire et l'emploi qui en est fait sans jeter un coup d'œil sur ses origines ; voyons donc comment et pourquoi il est entré dans les pratiques pénitentiaires.

Peut-être n'est-il pas sans intérêt de rappeler que l'origine du régime cellulaire se trouve dans les prisons de l'inquisition. « Celles-ci, dit un écrivain (Limborch), étaient composées de plusieurs corridors donnant accès à de petites chambres carrées, ayant dix pieds de large sur autant de longueur. Deux étages de ces cellules étaient superposés.

Les cellules supérieures recevaient la lumière d'une fenêtre grillée de fer, ouverte à une hauteur que l'homme de la plus haute taille ne pouvait atteindre. Les cellules inférieures étaient plus étroites, sans fenêtres et obscures. Les murs avaient une épaisseur de cinq pieds. Chaque chambre avait une double porte. La porte inférieure était très forte et doublée en fer, ayant au bas une grille en fer, et, un peu plus haut, un petit guichet par lequel on passait au prisonnier ses vivres et son linge. Ces guichets étaient maintenus avec deux barres de fer. La porte extérieure n'avait pas d'ouvertures. Elle restait ordinairement ouverte quatre à cinq heures afin de renouveler l'air de la chambre. Chaque détenu avait deux cruches d'eau, une pour boire et l'autre pour se laver, une natte de jonc pour se coucher, un balai pour nettoyer sa chambre, et un vase de nuit vidé tous les quatre jours. L'isolement des détenus était complet. » Certes l'inquisition ne cherchait pas là un moyen d'amendement, car on sait qu'elle relâchait plutôt rarement ceux qu'elle tenait, mais il est piquant, ne fût-ce que pour l'archéologue, de retrouver un système qui, lors de son apparition en 1786 et en dehors de toute idée de réforme, parut une amélioration considérable.

Cette date de 1786 ne marque pas l'éclosion d'une théorie et en même temps d'une organisation ; ce sont là des choses qui ne se créent pas en un instant.

Dans le domaine de la pratique la théorie généralement résulte de l'expérience : un fait se produit qui provoque un état de choses ; puis, celui-ci accepté, il arrive vite qu'une routine se crée et devient un système, les idées s'émeuvent alors, une théorie, une doctrine parfois, résultent après coup des faits et à leur tour réagissent sur eux. Il n'en alla pas autrement du régime cellulaire aux États-Unis.

Lorsqu'en 1786 les quakers de l'État de Pensylvanie dont les principes repoussaient toute effusion de sang s'élevèrent contre la législation sanguinaire de leur pays qui, procédant de la législation anglaise, punissait la majorité des délits de peines corporelles (mort, mutilation, fouet), assurément ni eux ni personne ne pensaient à instituer un régime pénitentiaire présentant des chances d'amendement, ils obtinrent simplement que les peines corporelles seraient presque toutes remplacées par l'emprisonnement, mais singulièrement aggravé : l'emprisonnement solitaire absolu. Les prisons n'étant pas aménagées, on construisit à Philadelphie la prison de Walnuttstreet. Le régime cellulaire était né et personne n'en avait prononcé le nom.

Il se généralisait cependant et devenait le fond du système de répression ; avec l'activité proverbiale des Américains on construisit Auburne (aile nord, 1816, aile sud, 1819), Pittsbourg (1817), Cherry-Hall (1821). Les résultats cependant étaient déplorables ; nombre de condamnés tombaient dans un état de dépression si manifeste que leurs gardiens en furent frappés (et la sensibilité de ces fonctionnaires américains ne devait pas cependant être extrêmement affinée). Beaucoup y succombèrent, d'autres en finirent par le suicide, devant ce résultat on en gracia quelques-uns (1) et l'on introduisit le travail dans la prison. En Pensylvanie les détenus toujours isolés travaillaient dans leurs cellules. A Auburn le directeur Elam Lyns essaya le travail en commun ; les détenus furent admis à travailler ensemble dans des ateliers communs, mais sous la loi d'un silence rigoureux destiné à maintenir l'isolement moral et ne rentrèrent dans leurs cellules que la nuit et les jours de repos. On évitait ainsi les dangers de l'isolement sans renoncer à ses avantages : grâce au silence les détenus sont en société sans communiquer ensemble, ils ne peuvent ni com-

(1) Sur 26 qui bénéficièrent de cette première mesure, 14 furent bientôt rendus à la prison par de nouvelles condamnations,ce qui prouve bien l'insuffisance au point de vue de la réforme de l'isolement ainsi compris.

biner d'évasion ou de révolte ni, ce qui serait plus grave, se démoraliser les uns les autres. Le travail, loin d'être une consolation pour les détenus comme il le fut lorsqu'on l'introduisit dans le régime pensylvanien, à Auburn, fut à leurs yeux une tâche pénible à laquelle ils seraient heureux de se soustraire. « En observant le silence ils sont incessamment tentés d'en violer la loi. Ils ont quelque mérite à obéir parce que leur obéissance n'est pas une nécessité : l'isolement dans une cellule au contraire dépouille de toute moralité la soumission du détenu, il obéit bien moins à une règle établie qu'à l'impossibilité matérielle de l'enfreindre (1). » Que résulta-t-il de ces constatations ? A peine l'organisation aux États-Unis était-elle définitive et bien avant qu'elle fût générale, on se préoccupait en Europe des résultats obtenus (2).

L'Angleterre, le jour où l'Australie commença de recevoir à coups de canon ses envois de convicts, adopta le principe du régime auburnien. Ce n'était plus un état de fait, des principes se dégageaient, une théorie s'érigeait, l'isolement absolu de nuit et le travail en commun sous la loi du silence étaient la base du système. Les Américains ne s'étaient pas contentés de demander à ce régime la fonction négative, la fonction positive commençait à se faire

(1) G. de Beaumont et A. de Tocqueville, *op. cit.*
(2) V. le rapport précité de Tocqueville.

jour, et ils avaient trouvé de suite les deux grands facteurs de la régénération : l'instruction morale et religieuse ; chaque établissement possédait un aumônier et une école où l'on apprenait au moins à lire à tous les détenus illettrés.

Telle fut l'évolution qui aux États-Unis fit résulter un système pénitentiaire d'une réforme de la loi pénale, après que celle-ci eût non pas prononcé une peine nouvelle, mais modifié une peine existante : l'emprisonnement. L'opinion publique s'occupa des résultats, elle en tira des idées générales qui devinrent les principes du nouveau régime. Jadis on tuait ou on mutilait les condamnés, désormais on les enferma dans des cellules, l'humanité s'éleva encore contre les résultats obtenus : on leur donna comme distraction le travail, et l'on comprit alors qu'il y avait là un élément moralisateur, que l'isolement d'autre part conduisait au remords : les deux fonctions existaient dès lors et l'on conçut l'idée de réforme.

Et c'est au nom de cette idée, de ce principe premier et indispensable de toute peine légitime que l'on préconise à présent cette cellule dans laquelle les Américains du début du siècle ne voyaient qu'une aggravation dans la peine primitive de l'emprisonnement.

CHAPITRE II

Il convient maintenant d'examiner dans son fonctionnement le régime cellulaire et de voir dans quelle mesure il prête le flanc aux critiques que nous avons essayé de réfuter au point de vue théorique et comment il remplit les fonctions que nous exigeons de toute peine.

Si l'emprisonnement individuel a pris, comme nous l'avons vu, naissance en Amérique et s'il a été adopté de bonne heure en Europe, c'est la Belgique qui maintenant soutient le plus énergiquement son principe et qui en fait la plus complète application. A côté d'elle et avec elle, la Hollande pratique avec conviction le régime cellulaire et il nous est impossible de la passer ici sous silence. Nous nous étendrons sur le régime belge parce qu'il nous a été permis de l'étudier sur place, mais nous allons signaler d'abord les particularités du régime hollandais, à l'exception desquelles il est conforme à celui des prisons belges.

Le régime hollandais. — La loi hollandaise ne connaît que trois peines : l'emprisonnement (gevange-

nis), la simple détention (hechtewis) et l'amende
(geldbocte). La simple détention, infligée pour les
contraventions ou les délits non intentionnels, est
une peine fort douce : sauf le cas où le condamné ré-
clame l'encellulement, il est astreint dans une maison commune au travail qu'il choisit et dispose librement de son produit (L. 28 juin 1851, art. 20).

L'emprisonnement se subit en cellule pendant
une période de dix ans pour les condamnés à perpétuité qui sont soumis ensuite au régime auburnien
(système des alcôves), et pour les autres peines pendant une durée de cinq ans. Comme en Belgique, le
ministre de la justice peut accorder sur la requête du
détenu la prolongation de l'isolement. Lorsque cette
requête ne se produit pas, le détenu est soumis à
l'emprisonnement en commun avec une séparation
en classes, basée d'une part sur la conduite et l'âge
du détenu et de l'autre sur la nature de l'infraction
et la durée de la peine. Bien entendu, l'emprisonnement comporte le travail obligatoire, et ce travail est organisé sur les mêmes bases qu'en Belgique : on prohibe autant que possible tout travail
machinal qui ne laisse au prisonnier qu'une partie
de l'objet qu'on doit achever ailleurs. — A l'égard de
la répartition du produit du travail, une part échoit
à l'Etat, une part est disponible et le reste est versé
dans la caisse de réserve pour servir de masse à la
sortie (1). Remplaçons : *masse* par *pécule* et nous

(1) Rapport du ministre de la justice aux états généraux, 1873.

aurons exactement la définition de ce qui se produit en France.

Ajoutons que l'encellulement n'est pas appliqué aux délinquants âgés de moins de quatorze ans ou de plus de trente, ni à ceux qu'une commission médicale a jugés incapables de le subir.

Il existe enfin en Hollande une société de patronage : *La société néerlandaise pour l'amélioration morale des prisonniers*, que son ancienneté aussi bien que son extrême activité place au premier rang des institutions de ce genre. Depuis 1823, date de sa fondation, elle dirige et coordonne l'action de comités de visite et de patronage dont l'activité considérable donne les plus heureux résultats. Tels sont les détails qu'il convenait de signaler ; entrons maintenant dans l'étude *vécue,* si nous osons parler ainsi, du régime cellulaire tel qu'il est appliqué en Belgique.

α) *Généralité de la peine.* — En Belgique toute peine se subit en cellule au moins pendant dix ans, passé ce délai le condamné a le choix entre la continuation de l'isolement et le régime auburnien (1).

En 1889 un projet de loi ayant été déposé qui ré-

______

(1) Signalons immédiatement que sur 100 condamnés appelés à cette option, faite avec une certaine solennité et après visite médicale, 80 détenus demandent à rester dans la cellule et aucun de mémoire d'administrateur n'a demandé à revenir sur son choix alors que plusieurs détenus ayant opté pour le régime en commun ont demandé à réintégrer leur cellule.

duisait à 5 années le minimum de l'encellulement ne fut pas voté, mais une commission médicale fut créée qui est chargée d'examiner les détenus et de renvoyer au régime commun ceux qui paraissaient trop déprimés par le régime de l'isolement. Il est très intéressant de constater que dans l'année de sa création elle n'eut à prononcer que 40 transfèrements pour toute l'étendue du royaume.

En outre, à raison de la rigueur que l'on attribue à tort ou à raison au régime, la peine subit une réduction proportionnelle et il existe un barême pour la calculer, tel qu'un homme qui reste en cellule plus de dix années peut être considéré comme condamné à perpétuité à de rares exceptions près (1).

La fonction négative qui fait la base du régime est exercée ici avec la plus complète rigueur. Nulle part et en aucun moment le condamné ne peut communiquer avec ses codétenus, nulle part il ne peut connaître leur identité : la cagoule reçue dès l'écrou, avant même le reste du costume pénitentiaire, est imposée avec la plus grande sévérité. Elle est por-

---

(1) L. du 4 mars 1870 : la durée des peines prononcées par les cours et tribunaux sera réduite dans la proportion suivante :
3/12 pour la première année ;
4/12 pour les 2e, 3e, 4e et 5e années ;
5/12 pour les 6e, 7e, 8e et 9e années ;
6/12 pour les 10e, 11e et 12e années ;
7/12 pour les 13e et 14e années ;
8/12 pour les 15e et 16e années ;
9/12 pour les 17e, 18e, 19e et 20e années.

tée même durant les rares travaux de service intérieur qui nécessitent un travail en commun (boulan-
gerie et cuisine) : tous les autres travaux se font
dans l'isolement : buandiers, éplucheurs de légu-
mes, etc., sont occupés dans des cellules spéciales,
les infirmeries naturellement sont cellulaires aussi,
à la chapelle enfin et à l'école, le visage devant être
découvert, les cellules qui présentent alors à peu
près la forme de guérites sont généralement dispo-
sées sous un angle tel que leurs habitants ne puis-
sent s'apercevoir.

β) *La cellule.* — La première critique que l'on
adresse à l'encellulement prolongé n'est pas dénuée
de fondement, nous l'avons vu plus haut : il semblait
que l'expérience des débuts fût concluante et que la
peine revêtit un caractère de véritable barbarie :
les premiers sujets qui furent soumis au régime
pensylvanien à ses débuts ne purent y résister.
Parmi les criminalistes qui ont discuté la question
de la cellule, c'est un grief assez répandu et, osons le
dire, assez peu justifié. « L'homme est fait pour vivre
en liberté c'est-à-dire qu'il a besoin de lumière,
d'air, d'exercice ; il est fait pour vivre en société, il
lui faut donc la compagnie ou tout au moins la vue
de ses semblables, si vous le confinez trop longtemps
en dehors de ce milieu et de ses conditions normales
d'existence, vous arriverez fatalement à une dépression physique et morale. »

La lumière, l'air, l'exercice : des chiffres suffisent à répondre, mieux encore la simple visite d'une cellule convaincrait les plus sceptiques : elle est étroite sans doute (1), mais l'air y pénètre largement par un système de ventilation puissante qui permet dans certains établissements particulièrement perfectionnés de renouveler le volume d'air jusqu'à trois fois par heure, enfin une large fenêtre (2) dispense abondamment la lumière et concourt à l'aération. Pour l'exercice, la promenade au préau cellulaire (une heure par jour) sans fournir de distraction au prisonnier lui permet de prendre un exercice très suffisant.

A bien examiner on est forcé de reconnaître que ce sont là des conditions hygiéniques très supérieures à celles des ateliers communs du régime auburnien et, on peut l'ajouter non sans tristesse, à celles de la plupart des établissements industriels où travaillent journellement les ouvriers libres.

γ) *La question du confort.* — Passant d'un extrême à l'autre, nombre de personnes peu renseignées, et ce sont toujours les plus bruyantes, s'élèvent contre le prétendu luxe (3) des prisons modernes : peut-être

(1) En Belgique : 4 × 2, 50 × 3. En France 3, 50 × 2, 40 × 3.
(2) St-Gilles-lez-Bruxelles : 1, 10 × 0, 75. A Fresnes la fenêtre à verres ondulés présente les dimensions ordinaires, la partie supérieure peut être ouverte par le détenu sans lui permettre de voir à l'extérieur, la partie inférieure est ouverte lorsqu'il est absent de sa cellule.
(3) Il est bon de rappeler ici ce qu'est ce prétendu confortable

suffirait-il de leur répondre les paroles généreuses que
nous disait récemment le directeur d'une prison de

(la cellule a dans les différents pays un ameublement à peu près
identique) ; voici d'après une notice publiée par l'administration
belge la description d'une cellule de St-Gilles-lez-Bruxelles : la
cellule a 3 mètres de hauteur, 4 mètres de profondeur et 2 m. 50
de largeur, en chiffres ronds. Sa surface est de 10 mètres carrés
et son volume intérieur de 29 mètres cubes.

Elle est voûtée en arc, la voûte, en maçonnerie, est crépie et ba-
digeonnée en blanc. Les parois sont crépies et badigeonnées en
couleur pierre de France, avec filets rouges aux angles.

Le plancher est en chêne, à bâtons rompus sur bitume. La
porte de la cellule est en bois, de l'épaisseur de 0 m. 045 ; elle est
fixée sur des gonds dans les pieds droits en pierre de taille ; elle
s'ouvre vers l'intérieur et elle est doublée d'une tôle fixée sur le
bois par des clous et contournés par un fer équerre vissé sur les
côtés. La serrure est forte, avec détente au moyen d'une crosse
en cuivre, mais pour la fermer à double tour il est nécessaire
d'employer la clef, de même que pour l'ouvrir. Le guichet s'abat
de haut en bas ; le judas est en fonte et vitré.

L'appel consiste en une poignée qui, de gauche à droite dans
l'intérieur de la cellule, fait agir au dehors une sonnette en même
temps que se déclanche un signal mettant en évidence le numéro
du détenu. La fenêtre a 1 m. 10 de large sur 0 m. 75 de haut ;
elle est garnie de verres ondulés et placée à 2 mètres du sol ;
quand le détenu l'ouvre, au moyen de l'espagnolette qui descend
à portée de sa main, la partie supérieure du châssis en fonte s'a-
bat contre une barre de fer de la grille, tandis que la partie inférieure, formant charnière, reste fixe ; de cette façon il est impossible de voir au dehors. La grille se compose de trois grosses barres de fer carrées dans le sens horizontal reliées par une quatrième
dans le sens vertical. L'aération de la cellule est complétée par
une prise d'air frais près des tuyaux du calorifère, et par deux
bouches d'évacuation d'air vicié au bas et au haut du local, allant rejoindre dans les combles, au-dessus du deuxième étage du
quartier, une galerie d'aérage avec cheminée d'appel. Les tuyaux
du calorifère (eau chaude à haute pression) traversent le fond de
la cellule, sous une plaque de fonte ajourée de niveau avec le
plancher. Un robinet à eau avec cuvette et décharge est disposé
dans l'angle, du côté de la porte. L'eau arrive d'une galerie voû-

Belgique : « la privation de liberté est par elle-même une peine assez terrible, loin de chercher à l'aggraver nous ne devons nous occuper que de relever les hommes que nous avons entre les mains », nous pourrions répondre encore qu'il n'y a là après tout que le respect de la dignité de toute créature humaine si bas qu'elle soit tombée, mais il y a mieux : c'est un élément considérable de relèvement moral et c'est ici que nous allons commencer à envisager le rôle positif du régime.

L'un des grands avantages de l'isolement est de provoquer chez le condamné un retour sur lui-même, mais il est incontestable que ce mouvement de ré-flexion a besoin d'être dirigé et encouragé, *canalisé* si l'on peut ainsi parler ..... il est tout d'abord pro-

tée située dans les combles, qui contient un nombre de baquets correspondant au nombre des cellules et dépendant du réservoir du quartier, lequel est alimenté par la distribution d'eau de la ville ; les baquets ont une contenance de 12 litres et sont remplis tous les jours. La cellule est garnie d'un bec à gaz, débitant 50 ou 60 litres à l'heure, avec abat-jour en fer blanc ; un robinet pour le réglage se trouve à la disposition du détenu ; un autre pour l'allumage, à la disposition du surveillant, le long du mur du couloir. Il n'y a pas de siège d'aisance, mais un vase inodore en tôle, caché dans une niche en fonte fixée dans l'épaisseur du mur, avec ventilateur ayant issue dans la galerie d'aérage. Une chaise, une encoignure vitrée, dans laquelle se déposent la gamelle, le gobelet et la cuiller en étain, un peigne, une savonnière, une ra-massette et deux brosses complètent le mobilier. La couchette en fer se replie de façon à servir de table. Aux parois sont suspen-dus un crucifix, un chapelet et plusieurs cadres contenant des maximes morales, le règlement de la prison, le tarif de la cantine chez les prévenus et le tableau des avocats.

voqué par l'aspect de la prison et des choses qui entourent le détenu, « prenez un vagabond ou un homme d'un niveau inférieur, mal tenu, abruti peut-être par l'alcool ou la débauche et jetez-le dans un cachot obscur, sur la légendaire « paille humide », il y croupira dans un état de bestialité sans cesse accru ; mettez-le au contraire dans un local clair, aéré, imposez-lui la propreté et l'hygiène, il y prendra goût et concevra l'idée d'une vie nouvelle et toute différente de son passé, vous le conduirez ainsi à la propreté morale par la propreté physique ».

Ainsi s'exprimait devant nous un administrateur dont le nom restera attaché à plus d'un progrès dans nos institutions pénitentiaires.

Cela est si vrai qu'il se produit un phénomène bien connu du personnel des prisons et que l'on ne peut soupçonner lorsque, venant du dehors, on voit pour la première fois le triste ameublement d'un détenu, nous l'appellerons l'adaptation de la cellule : le détenu réussit à s'en faire un chez soi et, si pour les besoins du service on se trouve obligé de le faire changer de local, on se heurte presque toujours à des réclamations de sa part : si l'on veut se donner la peine de chercher un peu la cause de cette préférence, on trouvera tout d'abord la personnalité du gardien ou, comme disent les Belges, du *surveillant*, ce terme devant représenter à l'esprit du condamné un fonctionnaire chargé de collaborer à son relèvement plutôt qu'un simple geôlier(1). On trouvera aussi des raisons plus futiles au moins en apparence, telles que le changement de place qui en résulte à la chapelle et à l'école, mais on trouvera aussi une raison plus sérieuse : le détenu travaillant dans sa cellule, a des professions qui demandent parfois un nombreux outillage (2) (tourneur en bois et en métaux, fabricant d'articles de pêche, serrurier), la transforme en un véritable atelier. Il met un soin jaloux à son installation, et parfois arrive à une véritable décoration. A-t-il quelques notions de dessin ? On lui permet, à titre de récompense bien entendu, d'accrocher ses essais au milieu de ses instruments de travail.

Dira-t-on qu'il y a là d'inadmissibles adoucissements, qu'une peine subie ainsi n'est pas assez rigoureuse ? Écartons de grâce cette conception purement afflictive de la peine, et nous verrons au contraire qu'il y a là un excellent symptôme : ce souci d'une illusion de confortable marque une première étape

(1) En Belgique, loin d'être séparés de leurs détenus par le règlement comme en France (décret du 25 mai 1872, art. 2) les surveillants doivent en visiter un certain nombre par jour, il s'établit donc nécessairement entre eux des relations de nature à influer sur les préférences du détenu.

(2) Les occupations du détenu sont dirigées en vue de son intérêt et non des avantages financiers de l'État. Les travaux doivent pouvoir être exécutés par un homme seul sans le concours continuel ou fréquent d'une autre personne, être d'un apprentissage aussi facile que possible, fournir aux détenus, après leur mise en liberté, les moyens de subvenir à leur subsistance et à celle de leurs familles (règlement du pénitencier de Louvain, art. 375).

dans la voie du relèvement : c'est le respect de soi-même, c'est le goût du travail qui se font jour.

Bien plus, le visiteur voit dans certaines cellules des oiseaux ; parfois une misérable fleur placée sur le haut d'une planche à outils tourne vers la fenêtre une tige, un bouton avides de lumière et d'air ; quelles railleries ne trouveraient pas les rieurs qui n'ont pas compris, en France, l'utilité et la dignité du prétendu luxe des cellules de Fresnes ! Quel élément précieux pour une revue de fin d'année : la fleur du condamné.

Eh bien ! il est deux façons de comprendre les choses et on ne peut regarder sans respect et sans émotion ces fleurs et ces oiseaux, si l'on réfléchit qu'elles sont une chose sainte entre toutes : le fruit du travail. Il faut se rendre compte de ce qu'a dû coûter de travail leur acquisition, de quelle part du pécule disponible elle représente, pour apprécier la valeur énorme qu'elles prennent aux yeux du détenu. Et combien ne doit-on pas louer l'administration qui réalise ainsi ce double effet : le travail produit au condamné une satisfaction immédiate, ce qui devient un stimulant puissant, et de cette satisfaction, à son tour elle sait faire un élément de la cure morale en lui donnant la forme de sentiments désintéressés : la sollicitude pour un être vivant et un peu de poésie...

Il est encore dans la cellule d'autres objets qui ne sont pas de vaine décoration : un crucifix, un cha-pelet et un tableau de sentences morales ; nous nous permettrons de faire quelques réserves quant aux premiers, il nous semble qu'ils ne devraient figurer dans la cellule que sur la demande des détenus : il y a là plus qu'un élément d'amendement, il y a l'indication d'une orientation de la cure morale qui doit et peut rester neutre au moins officiellement : les détenus sont libres de se réclamer de telle ou telle religion ou de déclarer n'en pratiquer aucune ; pourquoi dès lors leur imposer un emblème qui ne représente rien aux yeux de quelques-uns ou blesse les idées de certains ? Il y a plus ; nous avons entendu émettre par des catholiques fervents cette idée qu'il était superflu, sinon inconvenant, d'exposer un tel emblème à des outrages éventuels. A plus forte raison, le chapelet qui implique les pratiques d'un culte convaincu ne devrait, nous semble-t-il, être remis aux condamnés que sur l'avis de l'aumônier. Nous ne ferons pas les mêmes réserves pour le tableau de maximes morales qui est placé dans la cellule ; d'un sens très large et d'une portée très étendue, elles ont été extraites d'ouvrages philosophiques ou religieux. Il y a un nombre considérable de séries qui changent tous les mois. C'est en même temps qu'un aliment de réveil donné à l'intelligence, une orientation générale très discrète et très impartiale imprimée au travail de réflexion qui doit être la base de l'évolution morale du condamné (1).

(1) Voir un de ces tableaux à l'appendice A.

δ) *Le travail*. — Deux fois déjà nous avons eu l'occasion de faire allusion à l'organisation du travail et le règlement de Louvain dans les passages que nous en avons cité a nettement indiqué dans quel esprit il est orienté. L'intérêt financier de l'État n'est que très subsidiairement envisagé : celui du condamné le prime.

Tout d'abord le métier enseigné doit nourrir son homme, il doit en outre pouvoir être exécuté seul. Pour remplir ces conditions, on s'attache à former le détenu à un métier qui se puisse exercer seul : la loi de l'isolement aussi bien que les chances de succès après la libération l'impose. On s'attache aussi, lorsqu'il s'agit d'un détenu n'ayant pas de capacités antérieures, à lui choisir un métier exigeant peu d'outillage.

Mais lorsqu'on a affaire à un détenu que son intelligence ou une capacité professionnelle acquise antérieurement à sa condamnation prédispose à des travaux plus compliqués, on n'hésite pas à transformer la cellule en un véritable atelier ; enfin si le métier exige une installation incompatible avec l'exiguïté de la cellule, le détenu travaille dans la large galerie qui forme l'artère centrale de chaque quartier (Nous avons vu ainsi un anarchiste condamné aux travaux forcés qui sculptait dans l'une des galeries de Louvain un magnifique maître-autel en bois dont il avait lui-même fait le plan et taillé et assemblé toutes les pièces).

L'installation est-elle trop encombrante ou demande-t-elle des aménagements spéciaux, on lui affecte un local spécial où les détenus extraits de leur cellule travaillent parfois en commun et toujours munis de la cagoule. La prison de Louvain présente dans ce but une série de sous-sols correspondant à la distribution du rez-de-chaussée où s'exécutent les travaux industriels ; on y trouve plusieurs forges, des machines-outils de dimensions relativement considérables, etc.

Le travail ainsi organisé remplace et prépare le travail libre, l'ouvrier habile conserve l'habitude de son métier, le « tour de main », l'ignorant ou l'homme d'une intelligence inférieure peut y apprendre au moins les éléments d'un travail moins délicat et néanmoins rémunérateur : d'une manière générale il présente cet avantage considérable d'étendre le champ d'activité des détenus et de leur assurer par la variété même et le caractère essentiellement pratique des travaux pratiqués un débouché sur le marché du travail le jour où ils auront à y placer leur main-d'œuvre.

ε) *Les visites*. — Il est superflu de le répéter ici : la réflexion solitaire ne suffit pas à relever le condamné, il faut le secours des influences moralisatrices, c'est ce que n'oublient pas les Belges.

Le détenu est donc soumis au plus grand nombre de visites possible. La famille n'est admise, il est vrai, que tous les deux mois ; mais on en peut facilement trouver la raison : elle représente trop souvent le passé et généralement sa conversation ne peut que ramener le détenu vers un état d'âme et de choses qu'il importe surtout de lui faire déplorer et réprouver ; de plus, n'en fût-il pas ainsi, cette séparation est un élément constitutif de la peine, il y a donc deux bonnes raisons à cette raréfaction des visites : châtiment et en même temps protection morale du détenu.

En revanche les étrangers sur lesquels on sait pouvoir compter comme de précieux auxiliaires, voient la prison s'ouvrir toute grande devant eux: ce sont les membres des conseils de surveillance et des sociétés de patronage.

Elles ont très rapidement pris en Belgique une extension considérable et un administrateur a pu dire qu'elles avaient initié l'administration à ses devoirs. C'est là une affirmation que nous ne nous permettrons pas de discuter, bien qu'elle le soit par nombre de fonctionnaires, car il y a là en somme des bonnes volontés, du dévouement, cette initiative privée qu'on n'encouragera jamais trop ; mais il semble bien que les Stevens, les Prins, et tant d'autres qui marchent derrière eux n'aient besoin de personne pour leur enseigner leur devoir.

Ce devoir, pour être lourd, n'en est pas moins admirablement rempli. Les simples surveillants, qui sont fort nombreux (un pour douze détenus), ne doivent pas seulement visiter chaque jour leurs détenus : ils sont leurs instructeurs et remplacent les contre-maîtres libres dont l'immixtion dans la prison cause, dans d'autres pays, tant d'infractions à la discipline et complique la surveillance ; ils enseignent le travail, le dirigent et parfois le partagent, donnant ainsi un précieux exemple.

ζ) *Fiche de visite*. — Dans tous les pays un compte moral est ouvert à chaque détenu (1). Mais en général il ne comporte guère qu'un relevé très sec de punitions ou la mention de mesures favorables, on en peut déduire approximativement l'état moral du condamné mais il n'y est nullement analysé.

Pénétré de l'insuffisance d'un tel système M. Stevens fit l'essai de fiches individuelles qui devait présenter un ensemble de renseignements sur chaque condamné : les visiteurs ont ainsi sous les yeux au moment même de la visite toutes les indications qu'il leur est utile de posséder, elles rendent les plus grands services notamment aux membres des commissions administratives et des comités de patronage. Une circulaire du 31 juillet 1893 vint en généraliser l'emploi. Cette fiche, dont on trouvera la reproduction à l'appendice (2), est déposée entre les

(1) V. pour la France : L. 14 août 1885, art. 1.
(2) V. appendice B.

mains du surveillant en chef ; elle comprend d'abord
un extrait du compte moral, c'est-à-dire outre l'état
civil du détenu des renseignements détaillés sur sa
profession, son degré d'instruction, ses antécédents,
etc..., sur la peine en cours d'exécution et les peines
disciplinaires encourues.

Puis dans une seconde partie le chef de quartier
(surveillant de première classe) consigne ses appré-
ciations sur la conduite, l'ordre et la propreté : les
agents du service industriel sur l'application et l'aptitude au travail, les instituteurs notamment sur
l'intelligence et l'aptitude à l'étude ; les directeurs
analysent le caractère et les dispositions morales,
les médecins enfin rendent compte de la constitution
et de l'état de santé du détenu.

η) L'esprit du régime. — Il nous a été permis (1)
de parcourir à la prison de St-Gilles quelques-unes
de ces fiches. Toutes, remplies avec autant d'exactitude que de sagacité, révèlent pas à pas une évolution
morale, plus ou moins rapide mais toujours sensi-
ble. Chaque progrès, chaque effort du détenu est
l'objet d'une mention où l'on sent percer la sollici-

____

(1) Qu'il nous soit permis d'exprimer à M. de La Tour, directeur général des prisons et de la sûreté publique, toute notre gra-
titude pour la bienveillance avec laquelle il a accueilli et facilité
notre enquête, ainsi qu'à M. Bertrand, directeur-adjoint de la prison de St-Gilles-lez-Bruxelles, pour la sagace obligeance avec laquelle il a bien voulu nous éclairer de documents et surtout d'une
précieuse expérience personnelle.

tude du fonctionnaire qui l'a consignée comme chaque rechute est signalée avec impartialité. C'est cette
sollicitude qui perce partout là-bas, qui est le secret
du bon fonctionnement du régime : comme nous de-
mandions à un fonctionnaire de St-Gilles si la prison ne contenait pas de quartier d'amendement : « à
quoi bon ? nous répondit-il, ici tout le monde est
traité de même, car *nous ne désespérons de personne* ».

« *Nous ne désespérons de personne* », admirable
parole qui traduit l'état d'esprit des fonctionnaires
belges. Il faut les avoir vus à l'œuvre, avoir circulé
avec eux dans leurs établissements pour comprendre
comment doit être mis en œuvre le régime cellulaire.
A chaque cellule dont la porte s'ouvre devant lui, le
fonctionnaire, renseigné par sa fiche de visites (et
nous avons pu constater qu'il n'y recourt que rarement tant il connaît son personnel), le fonctionnaire
s'adresse avec bonté au détenu, examine son travail, s'intéresse à ses lectures et ne craint pas de
s'adresser au visiteur qui l'accompagne à peu près
en ces termes : « Vous voyez ce garçon, c'était un
bien grand misérable il y a un an quand nous l'avons
reçu ; mais il était absolument ignorant, maintenant il sait lire et écrire (et le détenu est invité à montrer son savoir), il a compris sa faute et devient un
honnête homme, voyez comme son visage respire la
droiture, etc... »

L'éminent directeur de la prison de Louvain nous formulait ainsi sa conception de sa mission : « Toute question de religion mise à part, c'est un apostolat que nous exerçons, il faut avoir la foi sans laquelle on n'arrive à rien ; il ne faut jamais désespérer d'un détenu, il ne faut jamais surtout s'en désintéresser. Sans doute nous avons des incorrigibles, mais ils sont en très petit nombre, et parfois, ceux qui paraissent en arrivant les plus insusceptibles de réforme, sont ceux qui nous réservent les plus grandes surprises.

Notre législation n'organisant pas la relégation, nous traitons indéfiniment les récidivistes : nous les traitons comme les autres : eh bien ! parfois, après plusieurs cures, nous les voyons, pour ainsi dire, *se résorber*. Notre répression à nous, c'est de la moralisation intensive (1). »

Peut-être trouvera-t-on dans cette profession de foi même un argument contre le système cellulaire et lui décochera-t-on cette suprême critique que, s'il demande pour donner de bons résultats un pareil dévouement, il est d'une application trop difficile et ne

____

(1) M. Stévens devant la commission d'enquête de 1892 s'exprimait ainsi : « le système cellulaire tel qu'il est pratiqué en Belgique a surtout pour objet l'éducation des détenus, sans qu'on oublie pour cela l'idée de châtiment que doit nécessairement comporter toute condamnation : car la peine est sérieuse et la discipline très sévère ».

peut être proposé à toutes les administrations : et pourquoi ?

Dans trop de pays, l'administration trop confiante dans l'excellence du régime adopté se borne à en assurer le fonctionnement comme ferait un mécanicien d'une machine bien réglée, avec ponctualité certes, voire avec dévouement, mais sans conviction, sans la foi qui fait les miracles.

A ce titre, nous voudrions qu'il ressortît un enseignement des détails que nous signalions il y a quelques lignes : nous croyons qu'un régime est ce qu'on le fait (1). La meilleure constitution, a-t-on dit, est celle dont on se sert le mieux : les fonctionnaires belges pourraient dire : le régime cellulaire nous réussit parce que nous avons foi en lui, parce que nous nous donnons tout entiers à notre œuvre : de telles convictions imposent le respect ; nous n'hésiterons pas à ajouter que leurs résultats forcent l'admiration.

(1) Le mécanisme pénitentiaire le mieux conçu, le plus ingénieusement imaginé reste inefficace s'il n'est mû par un personnel dévoué (Tarde, *Philosophie pénale*, 514).

DEUXIÈME PARTIE

RÉGIME PROGRESSIF

CHAPITRE PREMIER

LE RÉGIME ANGLAIS.

Introduction. — Le système progressif, comme son nom l'indique, a pour but principal de préparer le détenu à résister aux tentations de la vie libre par une série d'étapes adaptant la peine à la progression de l'amendement individuel. Si nous voulions chercher à établir ici une théorie générale d'où découlera tout un système chez les Anglais, nous remarquerions que le caractère éminemment pratique de l'esprit anglo-saxon en matière pénitentiaire comme en tout les amène aux solutions justes, sans qu'ils aient besoin de s'attarder aux jeux des théories savamment échafaudées. Peu ou point en Angleterre de philosophie criminelle : la question si passionnément agitée ailleurs des bases et des limites du droit de punir y inquiète peu ; la politique criminelle semble en théorie circonscrite à l'idée d'exemplarité (1), et cependant sur le terrain des solutions pratiques, nous allons rencontrer tout un système réellement orienté vers l'amendement : c'est que l'insuffisance pratique de l'exemplarité s'impose. Passe encore de lui faire la part très large, mais pour tous ceux envers qui elle est restée inefficace, il faut bien demander autre chose à la peine.

Cette prédominance de l'esprit pratique est telle qu'il nous est impossible de ne pas signaler ici la forme active qu'elle revêt : de même qu'en France, à côté des pouvoirs publics, l'initiative privée a fondé cette admirable Société générale des prisons dont l'autorité est incontestée dans le monde entier, de même en Angleterre elle a fait surgir la « Howard-association » qui a pour but, d'après ses statuts, l'avancement des méthodes de prévention de la criminalité et des régimes pénitentiaires, et qui cherche à pénétrer l'esprit public de l'importance d'un régime d'amendement et de prévention radicale « (for the promotion of the best methods of crime prevention and penal traitment. It labours to indoctrinate the

____

(1) J. Jebb, *Report of directors*, 1860, p. 18. C'est l'exemplarité qui doit dominer dans toute sentence. — Du Cane : Si le châtiment des criminels qui ont pour le crime une tendance incurable peut éloigner de l'armée du crime de nouvelles recrues, son but est atteint.

public mind whith the importance of a reformatory
and radically preventive traitment) ».

Nous n'aurons donc pas avant d'entrer dans l'examen des faits à esquisser une théorie générale, il
n'en est pas besoin d'ailleurs pour une organisation
reposant sur une idée unique et dont le nom même
suffit à indiquer le programme.

La législation anglaise présente quatre peines,
dont deux n'ont aucun intérêt au point de vue qui
nous occupe : la peine de mort et l'amende. Les deux
autres sont : l'emprisonnement, la servitude pénale.

SECTION I. — L'emprisonnement.

L'emprisonnement s'applique pour les peines courtes, il est subi dans les prisons locales (local prison)
ou prisons de comté pendant une durée qui varie de
un jour à quatre ans.

Signalons en passant comme un caractère assez
intéressant de la législation anglaise la latitude à
peu près complète laissée au juge ; celui-ci peut
pour le même délit infliger une peine qui varie de
un jour à quatre ans d'emprisonnement et de cinq
ans au moins de servitude pénale à une durée illi-
mitée, cette peine pouvant être perpétuelle.

α) *Le régime*. — L'emprisonnement est auburnien, mais la règle du silence n'est pas absolue.
Détail curieux : lorsque des codétenus ont besoin

dans l'atelier d'échanger quelques paroles, relativement au travail bien entendu, ils doivent le faire à
voix assez haute pour être entendus du surveillant (1). Ajoutons, toujours sur la foi de M. Aschrott (2), que les précautions prises ordinairement
pour assurer l'isolement, telles que cagoule, chapelles et classes alvéolaires et préaux cellulaires,
ne sont employées en Angleterre que très excep-
tionnellement, cela se conçoit d'ailleurs et va de soi
avec le régime auburnien. L'un des éléments de sévérité du régime consiste dans la pauvreté de la
nourriture : c'est un principe qu'elle doit être calculée en proportion du travail exigé : « to apportion
the quantity of the food to the amount of the labour
required ». Réparer la désassimilation produite par
le travail, rien de plus ; bien entendu pas plus de
cantine qu'en Belgique. Cependant on a dû constater que la peine en se prolongeant amenait un certain dépérissement et il a fallu faire une classification en périodes auxquelles correspond une nourriture plus substantielle. Plus la peine est courte plus

(1) Les fonctionnaires anglais m'ont fréquemment exposé leur
manière de voir sur l'impossibilité d'imposer dans les salles communes un silence absolu. Une prescription aussi contre nature
provoque les infractions et entraîne avec elle des peines disciplinaires. Le seul but que l'on puisse se proposer d'atteindre est
d'empêcher les propos dangereux et les longs entretiens qui dis-
trayent du travail (*Strafensystem und Gefangnisswesen in England*, p. 204, note 3).

(2) Aschrott, *op. cit.*, 204, note 2.

la nourriture est restreinte et dans toutes les peines
(abstraction faite de celles qui sont inférieures à
sept jours) la nourriture croît en proportion de la
durée. Ajoutons sans nous y arrêter que l'hygiène
des détenus est très bien et à la fois très sévèrement
organisée, et que les soins médicaux, tant comme
visites préventives que comme cures, sont très largement assurés.

β) *Le travail.* — L'organisateur du travail présente ici une grande particularité : lors de son arrivée en prison le détenu est soumis à une épreuve qui
a pour but de venir à bout des caractères les plus
rebelles et à laquelle l'administration attribue ou
plutôt attribuait la qualité de faire désirer au détenu de se livrer à un travail productif : le premier
mois est consacré à un travail improductif que l'on
a appelé « tread wheal » du nom de l'appareil
employé : c'est une meule de moulin qui tourne à
vide : « hard, dull, useles, uninteressing, monoto-
nous labour : it is necessary to ressort to this for its
penal effect » dit Sir Du Cane (1). « Un travail dur,
fatigant, sans utilité, monotone est nécessaire pour
donner à la peine toute son efficacité. » S'il était ori-
ginal d'amener au désir du travail effectif par la las-
situde résultant de l'inanité des efforts du tread
wheal, du moins on peut remarquer que partout on

______

(1) An. *Accourt, of the manner in which sentences of penal
servitude are carried out in England*, p. 57.

s'efforce d'amener le détenu à demander de lui-même du travail (v. p. 35), mais cette conception paraît avoir fait son temps car la commission des prisons dans son rapport de 1894 a demandé que le tread wheal fût supprimé et le détenu occupé à un travail suffisamment dur, mais ici se rencontre une difficulté : l'aménagement des petites prisons. Car il faut que le travail soit suffisamment rémunérateur. C'est en effet l'un des premiers principes de l'organisation de la peine que le travail du condamné doit couvrir autant que possible l'Etat de ses frais d'entretien ; nous verrons plus loin jusqu'à quel point est poussée cette règle. Les deux autres principes dominants du travail sont d'abord d'en faire un élément du châtiment puis — peut-être un peu subsidiairement — d'habituer à l'activité.

Quel est le travail auquel sont affectés les prisonniers ? En Angleterre comme partout s'est posée la question de la concurrence du travail libre et de la main-d'œuvre pénale : elle a reçu radicalement la solution qui est partiellement adoptée notamment en Belgique et en France.

La production des condamnés est absorbée par l'Etat : leurs travaux sont destinés aux administrations.

De même qu'en France nombre de détenus (à Melun notamment) sont employés à la confection des livrées du personnel des services de l'Etat et qu'en

Belgique les équipements militaires sortent des prisons, en Angleterre les détenus sont employés à la fabrication des chaussures et vêtements destinés aux services publics, des sacs destinés à l'administration des postes et télégraphes, etc...

La commission des prisons de 1894 dont nous avons déjà parlé a insisté dans son rapport pour que de plus en plus les condamnés fussent employés aux travaux agricoles ; deux avantages relevés déjà militent en faveur de cette extension : les conditions hygiéniques très supérieures et par le seul fait du grand air, de l'élargissement de la surveillance une apparence de liberté qui peut être au point de vue de l'amendement une expérience utile.

γ) *L'action morale*. — Si nous envisageons d'abord l'influence religieuse nous constatons qu'il lui est accordé un rôle prépondérant dans l'éducation des détenus ; dans chaque établissement non seulement il y a un ou plusieurs *chaplains* mais encore les détenus catholiques et israélites sont mis en rapport avec des ministres de leur culte.

Le chaplain est astreint à des visites périodiques dans les cellules qui ont lieu généralement le dimanche où tout travail est suspendu ; mais elles ont lieu aussi aux heures de repos quand le détenu en manifeste le désir. Il est en outre informé aussitôt qu'un détenu tombe sérieusement malade et est tenu de l'aller voir à l'infirmerie. Il célèbre l'office le diman-

che et dans les *Public Works prisons* dit la prière
du matin.

Soucieux de conserver au ministère toute son efficacité et toute sa dignité, les règlements anglais n'ac-
cordent au ministre du culte aucune influence sur le
sort matériel du détenu qui n'a ainsi, suivant la remarque de M. Aschrott, aucun intérêt à se faire
passer aux yeux du ministre pour autre qu'il n'est
réellement.

Il en est tout autrement de l'instruction qui est
placée sous la direction et le contrôle du chaplain.
Elle est basée sur cette idée qu'un établissement pénitentiaire n'est pas fait pour donner une éducation
supérieure: « Not a place of literary education » (1).
Le point de départ en somme est toujours le même: on
craint d'arriver, sous prétexte d'éducation, à éner-
ver la répression. Aussi la donne-t-on dans les proportions les plus restreintes ; elle se borne toujours
à la lecture, l'écriture, le calcul, et n'est donnée ni
pendant le premier mois de la peine (qui est, comme
nous l'avons dit, consacré à dompter le caractère du
détenu), afin de ne pas affaiblir la répression, ni aux
individus condamnés à moins de 4 mois d'emprisonnement, parce qu'elle n'aurait pas le temps d'être
efficace. Enfin elle n'est pas donnée non plus aux
détenus de moins de 16 ans ou de plus de 40.

(1) Report of commissioners, 1885, p. 10.

Remarquons encore qu'au lieu d'être prélevées sur le temps du travail, comme il est fait en France et en Belgique, où les détenus sont extraits et conduits par séries au local d'instruction, les heures de classe se placent toujours en dehors des 10 heures de travail qui ne peuvent être abrégées. Dans les prisons locales on y consacre la pose de midi et les heures du soir. Dans les *public works prisons* uniquement celles du soir et encore elles sont abrégées au printemps en raison de la durée plus grande du travail.

δ) *L'esprit du régime.* — Si nous voulons réunir les traits dominants de cet examen rapide, nous constatons que le système est orienté non vers l'amendement — du moins par les procédés que nous sommes habitués à voir employer — mais avant tout vers l'exemplarité : « Les Anglais, dit M. le professeur Léveillé, font la prison très dure pour qu'on n'ait pas envie d'y aller, ni surtout d'y revenir. » Peut-être serait-on tenté de répondre que c'est parce que l'emprisonnement est assez court et qu'au surplus la part très large faite à la vie religieuse peut être considérée comme très suffisante au point de vue de l'amendement.

Nous croyons qu'il y a une autre raison : et d'abord les Anglais sont, au moins en surface, un peuple profondément religieux et respectueux des convictions, qui se doit à lui-même d'assurer à ceux qu'il

prive du libre exercice de leur culte les moyens de
le pratiquer suivant leur conscience. Et surtout les
Anglais n'attribuent pas, comme on le fait généralement volontiers (notamment en France et en Belgique), la criminalité à l'ignorance, ou plutôt ils les
considèrent comme deux produits jumeaux de leur
grande plaie sociale : le paupérisme (1).

Peut-être n'est-il pas déplacé de citer ici une bou-
tade du grand H. Spencer, car elle a été très sérieusement reprise par la commission des prisons qui en
fit le thème de son rapport de 1886 (p. 10). « Les
partisans de l'instruction triomphent lorsqu'ils font
remarquer par les statistiques, que le nombre de
criminels illettrés est très considérable. Ils n'ont pas
songé à se demander à eux-mêmes si d'autres statistiques semblables ne prouveraient pas d'une façon
tout aussi concluante, que le crime est dû au défaut
de linge, au menton mal rasé, à l'habitation dans des
bouges.

Celui qui essayerait d'enseigner la géométrie en
donnant des leçons de latin ou qui voudrait former
un pianiste par l'enseignement du dessin, serait jugé
mûr pour l'hospice d'aliénés ; il ne serait pourtant

____

(1) V. Du Cane, *Law quarterly review*, 1886, p. 134. Le fait que
les prisons contiennent un grand nombre d'illettrés n'implique aucun rapport de cause à effet, mais plutôt ces deux faits sont dus à
une même cause : c'est que les criminels se recrutent surtout
parmi ceux qui sont le plus mal placés pour acquérir l'instruction.

pas plus fou que ceux qui prétendent perfectionner le sens moral par l'enseignement de la grammaire et de l'arithmétique ».

A coup sûr, il y a là une exagération, et pour tenter de préparer au libéré une existence plus saine et plus honorable à la sortie, l'instruction primaire semble s'imposer.

N'est-il pas permis cependant de se demander si le scepticisme du grand philosophe n'est pas profonde sagesse, en voyant croître sans cesse les statistiques de la criminalité dans les pays où l'instruction, présentée comme une panacée universelle, est aussi libéralement distribuée qu'imposée ?

SECTION II. — La servitude pénale.

Cette revue rapide du système d'emprisonnement en Angleterre, si elle n'a apporté aucun élément nouveau au point de vue qui nous occupe, était utile cependant pour nous donner une idée générale des conceptions et de l'esprit général de nos voisins en matière pénitentiaire, mais c'est avec la servitude pénale ou peine des travaux forcés que nous allons trouver la forme progressive.

α) *Historique.* — Il faut, pour comprendre comment s'est formé ce régime, jeter un coup d'œil rapide en arrière : il ne résulte en effet ni d'une décision législative unique comme la loi belge du 4 mars

1870 ou la loi française du 5 juin 1875 ni d'une théorie mise en essai d'un seul coup comme la création d'Elmira (V. p. 117). Les éléments s'en sont pour ainsi dire superposés les uns aux autres ; dans une certaine mesure ce sont les événements qui les ont imposés ou au moins provoqués avant que les lois de 1853 et de 1856 (*Penal servitude acts*) ne donnassent à la peine sa forme actuelle.

Dès l'année 1779, lorsque la guerre de l'indépendance eut interrompu la transportation en Amérique, une loi due à l'initiative de Howard avait prescrit l'organisation de prisons cellulaires, mais la transportation en Australie fit ajourner le projet. En 1816 apparaît la création d'une prison cellulaire (Millbank) où les convicts sont préparés à la transportation : de là sort le *Probation system* qui, sur l'initiative de lord Stanley, fut mis à exécution dans la nouvelle prison de Pentonville.

D'après ce système les convicts paraissant susceptibles d'amendement et condamnés à une peine inférieure à 7 ans, dits *Selected men*, furent soumis à un encellulement de 18 mois avant d'être transportés : les résultats de cette première période furent si satisfaisants que sir Ch. Grey se décida en 1847 à l'étendre à tous les convicts.

Après cette première phase d'isolement venait la seconde période de la peine : emploi des convicts à des travaux publics, généralement des constructions de routes (il serait sans intérêt pour nous d'entrer ici dans de longs détails sur le régime des transportés en Australie). Lorsque la transportation en Australie fut devenue à peu près impossible (les colons libres protestaient contre la continuation de ce système avec une énergie qui alla jusqu'à recevoir à coups de canon les transports de convicts), sir Charles Grey ordonna que cette deuxième période serait subie en Angleterre : en 1848 s'ouvrit la prison de Portland dont les convicts étaient employés à la construction et aux travaux du port. En 1850 la prison de Dartmoor était affectée aux travaux agricoles. La prison de Wormwood Scrubs fut ainsi construite par des convicts. Dans ces *publics vohorks prisons* les détenus arrivant de Millbank ou de Pentonville où ils ont subi la période de 18 mois d'encellulement sont soumis au régime auburnien : confinés dans des cellules pendant la nuit et les heures de repos ils sont le reste du temps employés en commun à des travaux en liberté. Cette période de travaux publics durait jusqu'à ce que le convict se soit montré digne par sa bonne conduite d'obtenir un *Ticket of leave*.

Le *Ticket of leave* était en somme la libération conditionnelle dans la colonie sous certaines conditions de surveillance telle que l'exactitude à des appels réguliers ; il avait été inspiré par des considérations d'un ordre économique : les directeurs, désireux de se débarrasser le plus vite possible du souci de la charge des transportés avaient pris l'habitude de l'octroyer sans qu'il eut de bases légales : puis il fut organisé par deux lois de 1829 et de 1832.

Enfin il existait une quatrième phase de la peine : le *conditional pardon*. C'était la remise de la peine sous la condition de ne pas rentrer en Angleterre. Cette mesure devait naturellement disparaître lorsqu'il fallut garder en Angleterre les *Ticket of leave men*, elle fut remplacée, dans le *penal servitude act* de 1853, par la *license to be at large in the United kingdom and the Channel Islands*, délivrée au nom de la Reine par un secrétaire d'Etat.

Tels sont l'origine et le développement des mesures pénitentiaires dont les *penal servitude acts* de 1853, 1857 et 1864 ont tiré le régime actuel qui comprend trois phases :

L'encellulement pendant 9 mois ;

Les travaux forcés durant un délai limité par la bonne conduite et l'énergie du détenu qui lui permettent d'atteindre la troisième phase :

La *license to be at large*.

β) *Le régime.* — La peine de la servitude pénale est infligée pour une durée de 5 ans (7 pour les récidivistes) à 25 ans ; elle peut même être perpétuelle. Dans tous les régimes, il existe un compte moral ouvert au détenu et dont la fiche de visites belge pa-

rait, avons-nous dit, être la forme la plus parfaite
(v. p. 62) : en Angleterre, pendant la première période, ce sont le directeur et l'aumônier (chaplain)
de la maison cellulaire qui sont tenus de renseigner
constamment le service central sur toutes les circonstances capables de donner une indication sur le
caractère du détenu ; ce sont eux également qui sont
chargés de faire sur ses antécédents une enquête
d'où dépendra son passage dans la *Star class*, sorte
de quartier d'amendement où le détenu primaire
particulièrement susceptible de réforme est absolument séparé des autres convicts. On affecte même
généralement aux convicts de cette classe des établissements spéciaux ; notamment la nouvelle prison de
Douvres (1885).

De l'avis général, cette nouvelle organisation a
donné les meilleurs résultats : tous les directeurs
d'établissements constatent que la production de
cette classe est très supérieure à celle des autres, que
les peines disciplinaires y sont extrèmement rares
et que, parmi les libérés qui en sont sortis, on ne
compte pas de récidivistes (1 sur 445 libérés en
5 ans).

Pendant la deuxième période, celle où s'effectuent
les travaux publics dans les *public works prisons*,
les convicts sont divisés en cinq classes.

La première dite *Probation class*, classe d'épreuve,
est la plus rigoureuse tant au point de vue de la

nourriture suivant le principe que nous avons énoncé plus haut, qu'au point de vue moral ; les détenus qui la composent ne peuvent adresser ni recevoir aucune lettre que celle qu'ils sont tenus d'écrire à leur famille lorsqu'ils arrivent dans l'établissement ou lorsqu'ils sont transférés dans un nouveau. Ils ne peuvent non plus recevoir aucune visite.

Les détenus traversent successivement trois autres classes : 2ᵉ, 3ᵉ et 4ᵉ. Au passage dans chaque classe correspond une série d'avantages : nourriture plus substantielle, élévation du prix du travail (maximum de £ 3), possibilité de recevoir des visites (1) et correspondance. Le condamné ne peut obtenir sa libération conditionnelle qu'après avoir passé par les 4 classes et lorsqu'il a accompli au moins les 3/4 de la peine (le minimum est donc si la peine est prononcée pour 5 ans : 9 mois d'emprisonnement cellulaire et 3 ans 2 mois et une semaine de travaux publics).

Le passage de classe en classe et la libération conditionnelle sont basés sur l'attribution de marques ou bons points qui constituent tout un système sur lequel nous allons donner plus loin quelques éclaircissements.

----

(1) 2ᵉ classe 20 minutes tous les 6 mois ; 3ᵉ,20 minutes tous les 5 mois ; 4ᵉ,30 minutes, tous les 3 mois. Correspondance : 2ᵉ classe une lettre tous les 6 mois, 3ᵉ une tous les 4 mois, 4ᵉ une tous les 3 mois.

La *license to be at large*, qui est donnée au convict à sa libération anticipée, contient une longue liste de prescriptions dont toute transgression est considérée comme un délit jugé sommairement et passible d'un emprisonnement de trois mois. Pour toutes ces transgressions et même pour tout autre délit, le porteur de licence « *license-holder* » peut être appréhendé par la police sans qu'il soit décerné aucun mandat ; en outre il peut se voir retirer sa licence par le secrétaire d'État et être alors réincarcéré pour subir intégralement le montant de sa peine. De plus une loi de 1871 modifiée en 1879, *Prevention of crimes act* permet à la police d'incarcérer tout *license-holder* sur le simple soupçon de conduite irrégulière, et de le traduire devant un tribunal qui statue par une procédure sommaire non seulement sur le bien fondé de ce soupçon, mais encore sur l'opportunité du retrait de la licence.

Enfin le *license-holder* est astreint à informer la police de tout changement de domicile dans les 48 heures, et à se présenter en personne ou à s'excuser par écrit à la police une fois par mois. Toute infraction à cette obligation est jugée sommairement et entraîne le retrait de la licence et un emprisonnement d'un an au maximum.

γ) *Le système des marques*. — Nous avons indiqué que le passage d'une classe dans l'autre était déterminé par l'obtention d'un certain nombre de marques ou bons points. Voici comment fonctionne ce système qui, inventé par le capitaine Mac O'Noschie pour les transports australiens et repris dans le système irlandais par sir W. Crofton, est devenu à la suite des décisions de 1863, 1878, 1879 (qui l'étend aux local prisons) une des caractéristiques du régime anglais.

Chaque détenu reçoit une carte sur laquelle sa conduite est notée chaque soir à l'aide d'un certain nombre de points : la constatation porte surtout sur l'effort donné pour accomplir la tàche imposée. Le détenu reçoit au maximum 8 points par jour pour un travail intensif soutenu et l'accomplissement complet de sa tàche (*steady hard labour*), 7 points pour le degré immédiatement inférieur. On évalue à 6 points la production d'un travail moyen (*a fair but moderate day's work*). L'attribution des marques est confiée au gardien chargé de la surveillance du travail, sous le contrôle incessant du surveillant général et du directeur de l'établissement.

Il importe de noter un détail qui prouve bien à quel point le système tàche de se rapprocher autant que possible des conditions économiques de la vie libre, où l'infirme — dit Du Cane — ne peut atteindre au salaire de l'homme vigoureux : le détenu auquel son état de faiblesse ou de maladie ne permet d'imposer qu'un travail moins pénible (*light labour*) ne peut au lieu du maximum de 8 points en recevoir que 6 ou 7 suivant son application. Ajoutons que, depuis 1879, le directeur peut élever ce nombre lorsqu'il a l'assurance que son état de santé interdit au convict le *hard labour* ou lorsque la maladie résulte d'un accident de travail (durant la maladie le chiffre des points ne peut être supérieur à 6).

Si le travail entre en première ligne dans l'évaluation des marques à attribuer, la conduite du détenu n'est cependant pas sans importance à cet égard ; pour le dimanche, jour où on ne se livre à aucun travail, le nombre des marques peut être supérieur à la moyenne quotidienne de la semaine précédente.

Le directeur peut par mesure disciplinaire infliger la perte d'un nombre de marques variant entre 6 et 84 (soit, en fait, une prolongation de 1 à 14 jours).

δ) *Le travail*. — Une partie de ce que nous avons dit à propos du travail des prisonniers s'applique à celui des convicts notamment au point de vue de la consommation presque totale de la production de la main-d'œuvre pénale par l'État ; pour le surplus il ne s'agit que de marchandises de peu de valeur (paillassons, cordage d'étoupe, etc.) n'ayant pas nécessité l'emploi de machines et qui sont vendues par voie d'adjudication publique.

On est unanime en outre en Angleterre à considérer les travaux publics comme la forme la mieux appropriée à l'occupation des prisonniers ; parce que le travail en plein air et en commun est le plus supportable pour le corps et l'esprit et qu'ils permettent des utilisations très variées qui toutes préparent le convict à trouver facilement du travail à l'époque de sa libération. Le principe que nous avons vu formuler par le règlement de Louvain (375) se retrouve à la base de l'organisation anglaise ; le travail qu'on enseigne au détenu doit avant tout et sans même qu'il soit tenu compte de ses antécédents être de nature à trouver toujours un débouché facile sur le marché du travail.

Deux réflexions s'imposent : et d'abord grâce à l'affectation de chaque établissement à un ordre de travail unique il devient presque une école professionnelle ; le travail étant forcément organisé de la façon la plus rémunératrice il en résulte que les convicts y sont non seulement astreints mais encore soigneusement dressés.

En second lieu l'extension de plus en plus grande donnée aux travaux agricoles présente cet avantage considérable de prédisposer les libérés à vivre en dehors des agglomérations où les tentations sont plus nombreuses, et partant les occasions de rechute.

Nous avons vu que l'instruction n'a dans la cure morale qu'un rôle très limité et que la vie religieuse (dans les publics works prisons le chapelain dit tous

les jours la prière du matin avant le départ des
convicts pour le travail) est avec le travail le grand
élément de moralisation ; or il ne suffit pas que le
travail soit enseigné et imposé, il faut pour qu'il
devienne une habitude de discipline morale, utile et
définitive pour l'avenir, qu'il se rapproche des conditions du travail libre, ici surtout qu'il n'apparaît
pas au détenu comme une distraction ainsi qu'il advient dans le régime cellulaire.

Les Anglais pour atteindre à ce but lui ont donné
un double effet : c'est de lui que dépend, ainsi que
nous l'avons vu plus haut, l'attribution des marques
et par suite le passage d'une classe dans une autre ;
en second lieu il donne droit à une rémunération
(*gratuity*) qui est calculée en multipliant les points
obtenus par une somme déterminée, et qui n'est accordée qu'au détenu ayant constamment mérité le
minimum de 8 marques. Le maximum du pécule
ainsi constitué s'élève à £ 3 (75 francs) mais peut être
élevé par mesure gracieuse du directeur de l'établissement à raison de travaux supplémentaires. En
aucun cas, même si une retenue sur le pécule a été
prescrite par mesure disciplinaire, le convict ne
peut recevoir à sa sortie une somme inférieure à
10 sch. (12 fr. 50). En aucun cas non plus le détenu,
à l'encontre de ce qui se passe en France, ne peut
toucher une partie de son pécule pour se procurer
un adoucissement quelconque. Le versement anticipé

ne peut être obtenu que pour subvenir aux besoins de ceux que le convict aurait laissés derrière lui : mesure d'humanité qui se retrouve dans toutes les législations.

ε) *La libération.* — Ainsi qu'on a pu le remarquer, ce système justifiant son nom, tend à libérer des citoyens utiles, aussi la législation anglaise s'efforce-t-elle d'entourer la libération de toutes les précautions possibles : 21 jours auparavant, le convict passe une visite médicale à la suite de laquelle il peut obtenir un supplément de nourriture, son envoi à l'infirmerie, voire à l'hôpital. Si les vêtements qu'il avait lors de son entrée sont insuffisants, il est pourvu à leur remplacement aux dépens de son pécule, afin qu'il ait une tenue décente pour chercher du travail, on lui rend compte de l'état de son pécule dont on ne lui remet en général qu'une partie (nous verrons plus loin ce qu'il advient du reste), puis s'il demande à être rapatrié, il est conduit à la gare la plus proche, muni d'un billet et placé dans le train qui doit l'emporter.

Le train parti, n'y a-t-il plus, comme dans les autres pays, aucun lien entre le libéré et l'État ? Si ; d'abord nous avons vu qu'il y a une surveillance de la police très effective (v. p. 83) ; mais, en outre, on considère en Angleterre comme un devoir pour l'État de prendre encore, après la libération, des mesures pour assurer autant que possible le succès du

retour du libéré dans la société. Or, cette action tutélaire ne peut guère être procurée par voie administrative ; on a donc été amené à donner à l'initiative
privée un rôle légal. C'est pourquoi il nous faut dire
ici quelques mots des sociétés de patronage.

En les soutenant d'une subvention très peu élevée
(55.000 £ = 137.500 fr.), l'État a réussi à provoquer la création d'une société de patronage auprès
de chaque établissement (*Discharged prisoner's aid
society*). Cette société, par l'intermédiaire de ses
membres, entre en relations avec les convicts sur le
point d'être libérés, leur cherche du travail, leur fa-
cilite l'émigration, parfois les abrite provisoirement
dans des maisons spéciales, etc.

C'est là le rôle ordinaire des sociétés de patronage
et leur fonction d'initiative privée, voyons quel est
leur rôle officiel : elles sont substituées à l'État pour
la surveillance : le libéré qui se confie à la société
n'est plus astreint à tenir la police au courant de ses
déplacements ni à se rendre aux appels mensuels ; on
lui désigne un membre de la société qui remplira envers lui ce rôle de surveillance. C'est là peut-être la
partie la plus intéressante et la plus effective — à
coup sûr la plus originale — du rôle des sociétés anglaises de patronage. Rôle effectif à coup sûr, car l'on
sait de quel poids pèse sur un libéré la surveillance
de la police, incapable de souplesse et d'individualisation comme tout ce qui est administratif, insus-

ceptible de tact et de tolérance comme toute action policière, elle aboutit trop souvent à aiguiller vers la récidive un libéré, à qui le crédit d'un peu de temps ou de quelque formalité eût suffi pour rentrer dans le bon chemin.

Partout où elle existe encore, cette surveillance est l'objet des critiques et des protestations de tous ceux qui s'intéressent à la question du reclassement ; en la gardant comme un mal nécesssire, comme une mesure de protection sociale contre ceux des libérés que leur refus d'adhérer à une société de patronage signale comme éventuellement dangereux, la législation anglaise a fait un grand progrès.

Elle en a fait un encore pratiquement, lorsqu'elle a chargé la société de patronage de conserver et d'administrer le pécule des détenus qui se remettent entre ses mains : ceux-ci en effet ne touchent directement à leur libération, qu'une partie de leur *gratuity* (10 sch.). Le reliquat est remis à la société qui le leur remet en temps opportun, le plus souvent fraction par fraction, en en contrôlant l'emploi et, qui le plus généralement, l'emploie elle-même dans l'intérêt de son protégé.

Il y a donc là une phase dernière et très caractéristique : l'action de l'État se prolonge au delà de la période de répression, un peu comme mesure de préservation sociale, beaucoup — aussi souvent que le libéré s'en montre digne — comme mesure tutélaire.

Et pour arriver à ce but en obtenant la souplesse et
le tact indispensables, pour exercer cette fonction
positive de protection générale, la loi anglaise a trouvé
cette forme nouvelle : le rôle légal de la société de
patronage, c'est-à-dire la délégation à l'initiative
privée d'une fonction publique.

CHAPITRE II

α) *Historique*. — Il n'existe pas à proprement parler de régime irlandais, car c'est le régime anglais qui est appliqué en Irlande mais il y présente, il y a présenté, surtout une intéressante modification du système progressif.

Une commission pénitentiaire instituée en 1853 pour examiner l'état des services en Irlande constata une situation déplorable : encombrement des prisons, personnel insuffisant et incapable, production à peu près nulle, mauvais état sanitaire. Elle conclut pour modifier un pareil état de choses à la création d'une administration pénitentiaire centrale pour l'Irlande. On plaça à sa tête en 1854 le *captain* Walter Crofton, choix heureux, car c'est à l'initiative et à l'activité de cet homme éminent que l'on dut la transformation de l'état de chose existant, transformation si radicale que le *système Crofton* arriva rapidement à donner l'exemple à la métropole.

Le régime était exactement le régime anglais : les condamnés à la servitude pénale subissaient d'abord 9 mois d'emprisonnement cellulaire à Montjoie près de Dublin, durant lesquels la prépondérance était donnée, dans les mêmes conditions qu'en Angleterre, à l'enseignement moral et religieux, puis les condamnés mâles susceptibles d'être soumis au *hard labour* passaient à l'île fortifiée de Spicke dans la rade de Cork où ils étaient occupés par groupes à des travaux de terrassement et de fortification. Les convicts passaient successivement par 5 classes d'après l'obtention d'un certain nombre de marques comme en Angleterre, mais les convicts de la classe supérieure (*advanced class*) avaient encore une étape à franchir avant d'obtenir leur libération conditionnelle : ils étaient internés dans une *prison intermédiaire (intermediate prison)* dont le régime de liberté et d'indépendance relatives devait les préparer à la libération.

Celle-ci était plus effectivement surveillée qu'en Angleterre : en même temps que la police était mieux organisée, son directeur à Dublin, M. Organ, dont le nom est inséparable de celui de Sir W. Crofton, avait réussi à se faire accepter par les libérés comme un véritable conseil, à force de prudence et de généreuse indulgence.

β) *Les prisons intermédiaires.* — La création vraiment caractéristique de Crofton est donc cette dernière phase qu'il avait ajoutée au régime anglais : celle de la prison intermédiaire ; il en a défini lui-même le but dans un mémoire qu'il adressait au

mois de novembre 1855 au gouvernement de la
Reine. « Il faut, disait-il, rapprocher le condamné
de la société civile avant de procéder à sa libération,
ce rapprochement progressif est nécessaire pour le
rendre ensuite avec fruit à la liberté. La grosse
difficulté à laquelle se heurtent les libérés est le
manque de travail. Par suite des préjugés sociaux
contre l'emploi des libérés, il est rendu presque impossible à ceux-ci de mettre à exécution les bonnes
résolutions avec lesquelles ils ont été rendus à la
liberté. Fatalement ils retombent dans le crime. Il
faut donc écarter ces préjugés. Pour cela il est nécessaire que le détenu, pendant la dernière période
de sa peine, reçoive une formation spéciale et une
occupation appropriée qui le préparent aux luttes de
la vie libre. En même temps il faut lui donner, par
une grande somme de liberté, la possibilité de montrer qu'il a appris à se bien conduire, non seulement
dans l'étroite contrainte de la prison, mais qu'il con-
tinuera cette bonne conduite après la cessation de
cette contrainte. Quand la société civile aura vu la
confiance montrée par l'administration en faisant
passer les condamnés du pénitencier dans la maison
intermédiaire, elle abdiquera sa défiance contre le
condamné et lui assurera du travail. Les éléments
principaux de l'institution se trouvent donc dans des
installations spéciales pour l'entretien et le travail
et dans un règlement très différent des pénitenciers

pour assurer aux détenus une somme aussi grande
que possible de liberté. »

Voyons comment ce judicieux programme était
mis en pratique :

Une sélection est faite parmi les convicts parvenus
à l'*advanced class* afin de n'envoyer aux maisons intermédiaires que ceux des convicts qui paraissent
devoir profiter d'une période intermédiaire et ne pas
abuser du relâchement de surveillance qu'elle comporte. On exclut donc pour cette raison :

a) Les condamnés dont la situation extérieure
était très supérieure à celle d'un travailleur ordinaire et qui sont par conséquent assurés de trouver
d'autres moyens d'existence.

b) Ceux dont l'incapacité de travail peut faire
craindre qu'ils n'y trouvent aucun profit.

c) Ceux dont la gravité de leurs crimes (meurtre)
rend particulièrement dangereux.

d) Ceux qui ont déjà passé par le régime intermédiaire et dont la récidive prouve qu'ils n'en ont
pas profité.

e) Les condamnés à perpétuité.

Ces convicts d'élite viennent pour accomplir le
dernier temps de leur peine (6 mois pour 5 années
de peine et un mois par année en plus) dans l'une
des deux maisons intermédiaires : *Smithfield* (fermé
depuis 1869) où chacun est employé au métier industriel auquel il paraît propre et traité comme un

travailleur libre ou à *Lusk*, grande ferme où tous
les genres de travaux agricoles sont pratiqués par
les convicts qui y ont déjà été employés ou qui paraissent présenter des aptitudes spéciales.

γ) *Le régime*. — Les convicts ainsi employés ne
portent plus le costume pénitentiaire non plus que
leurs surveillants, ils sont mis autant que possible
en contact avec la population libre n otamment par
des commissions au dehors ; ils touchent immédiatement la moitié de leur salaire (1 sch. par semaine)
et peuvent en disposer en toute liberté ; les autres
6 pence sont réservés pour leur être remis à leur libération ; la surveillance n'est pas plus rigoureuse que
celle qui peut être imposée à des travailleurs libres,
ce qui, pour les cultivateurs de Lusk surtout, équi-
vaut à la liberté. Comme sanction il ne peut y avoir
et il n'y a qu'une peine disciplinaire ; le renvoi à la
public works prison pour y subir le montant restant
à courir de la peine.

L'instruction se conforme absolument au programme énoncé par Crofton et présente un caractère
essentiellement pratique ; sous le nom de géographie
on traite spécialement des colonies anglaises, de leur
organisation, de leurs productions, et des débouchés
qu'elles peuvent offrir à l'énergie et aux capacités
des immigrants : c'est donc exactement comme on
le fait en Belgique mais plus ouvertement une orientation donnée au libéré ; c'est de la transportation
par persuasion.

Sous le titre de morale pratique l'enseignement, denué de tout caractère confessionnel, porte sur les devoirs sociaux : respect de la puissance publique, devoirs du citoyen, le travail, l'économie, etc. ; il est donné le soir dans des conférences quotidiennes. Le dimanche l'instituteur fait passer une sorte d'examen (*competitive examination*) destiné à s'assurer que ses leçons ont été bien comprises et qui devient généralement l'occasion de commentaires et d'explications complémentaires.

Telle était l'organisation que Crofton, avec une admirable activité, avait ajoutée au système anglais : il fut imité partiellement en Angleterre : Lord Palmerston mena une campagne de presse qui aboutit à la création de *Refuges*, pour les femmes qui devaient produire entre la prison et la libération conditionnelle une période intermédiaire.

Devant les progrès croissants du système Crofton, l'opinion publique s'émut, et lorsqu'en 1853 une commission royale fut constituée pour examiner l'efficacité des *Penal servitude acts*, Lord Naas proposa l'essai en Angleterre d'établissements intermédiaires ; adoptée en première lecture, la motion fut rejetée définitivement par une seule voix de majorité.

C'était l'apogée du système, et il semble que l'on puisse voir dans sa décadence rapide, aussitôt la retraite de Crofton, la preuve éclatante d'une théorie dans laquelle nous croyons trouver le secret de la valeur de toutes les institutions pénitentiaires ; Crofton avait animé d'un souffle puissant et vivifié de son inlassable activité, le système qu'il avait imaginé ; dès sa retraite en 1864 l'activité se ralentit : l'administration se laisse arrêter par des questions secondaires : Spicke n'offre plus de travaux à exécuter ; dès lors la période de servitude pénale s'exécute à Montjoie : le nombre de convicts admis au régime intermédiaire s'abaisse et l'on ferme Smithfield. La prison intermédiaire ne s'ouvre donc plus qu'à des travailleurs agricoles (Montjoie reçoit quelques ouvriers d'industrie) et encore le régime de Lusk est bien modifié, l'instruction n'y est plus organisée. Il n'y a d'ailleurs presque plus de convicts pour la recevoir ; les dernières statistiques en accusent 21 !

Et l'on peut prévoir le jour où le système Crofton aura vécu, tout d'abord parce qu'à mesure que le nombre de convicts diminue, leur production couvre de moins en moins les frais qui s'élèvent dans des proportions considérables (90 £ 13 sch., la production environ 27 £), et puis parce qu'une modification profonde s'est produite en Irlande. Au temps de Crofton, la société n'avait que de l'aversion pour les libérés, tout au moins ces préjugés dont il prétendait la désarmer et on ne pouvait espérer d'elle aucun secours pour eux ; aujourd'hui l'Irlande a, comme l'Angleterre, ses sociétés de patronage ; elle en a au moins deux à Dublin et à Belfast, et d'excellents es-

prits et des plus compétents, ceux aussi dont dépend
le sort de Lusk, M. Du Cane et le directeur actuel de
l'administration pénitentiaire en Irlande, M. Charles F. Bourke, croient pouvoir attendre du patronage
ce que W. Crofton demandait à la maison intermédiaire.

L'œuvre de Crofton est donc presque déjà du
passé, elle répondait cependant à une conception qui
est loin d'être abandonnée et, tout en admettant
qu'on est en droit d'attendre les plus grands services
du patronage, nous croyons que la maison intermédiaire ne sera pas entièrement remplacée par lui.
Écartant tout d'abord la question financière, si nous
examinons l'instruction aussi bien morale que professionnelle nous ne pouvons contester qu'elle pré-
sentait au beau temps de Lusk et de Smithfield un
caractère éminemment pratique : les conférences
suivies d'examens qui formaient des âmes de citoyens et s'efforçaient d'orienter les convicts vers
l'émigration ne sont pas remplacées.

Enfin, cette phase de liberté presque complète
avait l'avantage de s'écouler sous le contrôle direct
de l'administration, et le seul fait de leur choix était
aux yeux du public une recommandation pour les
convicts en même temps qu'un relèvement aux
leurs.

δ) *Conclusion*. — Si nous voulons porter un jugement général sur le système progressif en laissant

de côté les critiques de détail auxquelles peut donner lieu son application en Angleterre nous n'hésiterons pas à proclamer que son principe est excellent parce qu'il permet la meilleure, la seule forme rationnelle d'individualisation de la peine ; celle qui se fait proportionnellement aux progrès de l'amendement du condamné et d'une façon presque automatique qui supprime tout arbitraire : cet amendement étant constaté par l'obtention d'un nombre de marques fixé à l'avance.

Ce système des marques contient aussi — et c'est tout à l'éloge du système — une certaine dose d'indétermination (V. p. 102) puisque si la peine a un maximum qui est l'exécution totale et un minimum qui est des 3/4 de la peine le temps réellement passé en prison varie suivant l'application du détenu (V. p. 84). C'est en ce sens qu'on a pu dire que le convict avait la clef de sa prison dans sa poche ; la libération conditionnelle n'est plus en effet une mesure gracieuse, c'est un droit acquis au travail et à la bonne conduite.

On peut donc affirmer hardiment que le système progressif est celui qui correspond le mieux ou du moins le plus pratiquement et de la façon la plus générale aux deux fonctions d'amendement que nous exigeons de toute organisation pénitentiaire.

TROISIÈME PARTIE

LE RÉGIME DE RÉFORME

CHAPITRE PREMIER

DES SENTENCES INDÉTERMINÉES.

α) Définition. — Les deux systèmes que nous venons d'étudier participent tous deux de la conception de la peine infligée en considération de l'acte et non de l'agent, de la peine tarifée à l'avance et telle qu'elle existe dans la plupart des législations.

Or le principe d'amendement exige au contraire qu'on parte des agents et non des actes. Nous allons voir comment le système des *reformatories* met ce principe en pratique ; mais auparavant il convient d'examiner la théorie des sentences indéterminées sur laquelle est basée leur création.

« La sentence indéterminée, c'est la condamnation à une détention dont la durée n'est pas absolument déterminée d'avance dans la sentence du juge qui condamne (1). » La sentence peut d'ailleurs être plus ou moins indéterminée ; elle l'est absolument si la condamnation prononcée n'est que la déclaration de la culpabilité de l'inculpé, d'où résulte nécessairement la remise du condamné aux mains d'une autorité chargée à la fois de l'exécution et de la fixation de la peine. On ne peut rapprocher une telle peine que des peines perpétuelles avec cette différence énorme, il est vrai, qu'à tout moment le condamné peut attendre son élargissement de la décision de l'autorité à laquelle il est confié.

Il existe en théorie de nombreuses variétés de systèmes d'indétermination relative. D'une manière générale, la durée de la peine y est limitée *a priori* soit par la prévision dans la loi d'un maximum et d'un minimum, soit comme dans l'*indeterminate sentence* des reformatories américains, seulement d'un maximum.

β) *Critique des sentences préfixes*. — La peine est envisagée ici au point de vue de la réforme : c'est un châtiment qui prend pour but l'amendement des coupables et n'admet pas d'autre terme que le reclassement du prisonnier.

Or, si larges qu'on imagine dans la loi les catégories de délits et de délinquants, elles seront encore trop étroites pour qu'on y puisse trouver la peine

(1) M. van Hamel, rapport au Congrès de l'Union internationale de droit pénal, Anvers, 1895.

qui convient à chacun. Il s'agit là d'une véritable cure ; or, de même qu'en matière thérapeutique, il est impossible de fixer *a priori* la durée des soins qui seront nécessaires, de même, en matière de peines, la fin du traitement ne peut être prescrite, c'est-à-dire la guérison ne peut être constatée que par l'autorité qui, ayant le détenu en traitement, est en mesure de suivre l'évolution de son caractère.

Cette constatation ne peut se faire qu'au cours de la peine, le rôle du juge doit donc se borner à se prononcer sur la culpabilité et à faire choix de la peine ; puis le condamné sera remis à l'administration chargée de son application. Le juge avec ce système d'individualisation administrative n'a égard qu'à la criminalité générale de l'agent, et comment donc, disent les partisans de l'indétermination, pourrait-on lui permettre d'avoir égard à la criminalité de fait ?

A l'appui de cette observation il semble qu'il suffise d'examiner comment se passent les choses.

A l'audience on amène devant le juge un homme qu'il voit pour la première fois, qu'il connaît très médiocrement par le dossier et par ces documents redoutables qu'on appelle des renseignements de police. S'agit-il d'un récidiviste, il y sera joint un relevé des peines subies avec pour tout commentaire la nature des infractions, la date des condamnations antérieures et le tribunal qui les a infligées. De la conduite du prévenu tant en prison que durant les périodes de liberté qui se sont écoulées entre ses stages sous les verrous : pas un mot.

On procède aux débats oraux ; l'interrogatoire et les dépositions des témoins vont préciser les détails de fait de l'infraction, les circonstances, l'heure, le lieu où elle s'est produite. Il ne reste plus au juge qu'à s'assurer que les faits ainsi établis rentrent bien dans la catégorie des faits « prévus et punis » et à rechercher quel article de la loi est applicable.

Pour la déclaration de culpabilité matérielle, rien à dire : le juge a des éléments suffisants d'appréciation. Mais en est-il de même quant aux motifs subjectifs du fait délictueux, et partant quant à la peine qu'il convient d'appliquer ? Nullement. L'inculpé a pu être poussé à commettre son infraction par la passion, par le besoin, par la manie peut-être (1).

Avait-il des habitudes de travail régulières ? Quelle éducation avait-il reçue ? était-il orphelin ? Autant de circonstances qui ont pu influer sur son moral, et que le juge ne connaîtra que par les déclarations de l'inculpé, s'il prend le temps de les écouter.

Le pouvoir appréciateur du juge n'est limité d'une part que par sa conscience, et de l'autre que par les

(1) M. Henri Monod évalue à 700 le nombre d'aliénés qui de 1886 à 1890 ont été recueillis par des établissements d'aliénés après des condamnations qu'un examen médical eut suffi à éviter.

limites maximum et minimum fixées par la loi : or pour l'application d'une peine fixe, il faut qu'il puisse se rendre exactement compte de la quantité de réprobation et de souffrance qu'il va infliger. Or n'avons-nous pas déjà suffisamment fait sentir qu'il ne peut établir cette mesure ?

Si, par exemple, il s'agit devant un tribunal français d'un vol simple, l'article 401 du Code pénal ordonne au juge de prononcer un emprisonnement de 1 an au moins et 5 ans au plus : et si les circonstances paraissent atténuantes, les tribunaux correctionnels sont autorisés, même au cas de récidive, à réduire l'emprisonnement même au-dessous de 6 jours (art. 463). Quel critérium permettra au juge d'évaluer entre 6 et 1825, le nombre de jours de répression correspondant exactement au degré de criminalité du prévenu ? (Que dire, à plus forte raison, de la législation anglaise qui donne au juge la latitude entre 1 jour et 4 ans d'emprisonnement, et 5 ans à l'infini de servitude pénale pour le même délit ?) Comment s'établira cette proportion ? En réalité, elle s'établira entre plusieurs condamnations : étant donné que telle infraction vient d'être punie de tant de mois, l'espèce présente qui paraît plus ou moins grave mérite une durée plus ou moins longue d'emprisonnement : étant donnée la gravité comparée des différentes infractions poursuivies à l'audience, maintenir entre les peines prononcées une espèce de rapport arithmétique.

Bien plus, qui ne sait que pour un certain nombre de délits courants il existe dans l'esprit du juge un tarif fait d'avance? ce que M. van Hamel appelle « tarif de consommation criminelle ». A quel avocat, j'entends des débutants à qui les usages professionnels procurent en abondance ces sortes d'affaires, à quel avocat n'est-il pas arrivé de s'entendre saluer par son client de cette déclaration flegmatique : « Vous savez, Maître, j'en ai pour 6 mois », et à l'audience, parfois avant qu'il ait eu le temps de prendre la parole, la condamnation tombait des lèvres du président telle que l'avait prévue l'intéressé...

Le docteur F. von Liszt a pour cette partie de l'œuvre du juge un mot cruel : « Ce n'est pour lui, dit-il, qu'un tour d'escamotage où l'artiste ne prend même pas la peine de donner le change au public. »

Une peine fixée étant prononcée de cette manière, que va-t-il en résulter? L'œuvre pénitentiaire est étrangère au magistrat, elle lui est même à peu près inconnue, une autre autorité l'accomplit et qui revêt aux yeux du condamné une importance plus grande que la sienne : c'est l'administration pénitentiaire. Il se fait maintenant une évolution et on lui demande autre chose que de garder et libérer les condamnés : « L'objet de l'art pénitentiaire, dit M. le professeur Léveillé, est l'application intelligente de la peine. » Mais cette application n'est-elle pas à l'avance paralysée, tout d'abord par la limi-

tation de la peine qui assure le condamné de sa libération et par la brièveté de la plupart des peines ?

Comment concilier la régénération morale avec
la certitude d'une libération à jour fixe ? Le détenu,
qui sait parfaitement que quoi que fasse l'administration elle sera bien forcée de le relâcher à une date
fixe, oppose la plus complète inertie aux efforts qui
peuvent être tentés sur lui. « Il sait qu'il se dédom-
magera d'une longue réclusion par de nouvelles
vacances d'une vie libre et brutale (1). » La peine
n'est pas autre chose qu'une période d'attente qu'il
laisse écouler avec plus ou moins de philosophie, il
n'est ni intimidé ni corrigé.

On sait que, malgré les enseignements de la statistique, les protestations de toutes parts et même les
avis des gouvernements, les juges de plus en plus in-
fligent de courtes peines ; cela s'explique s'ils se rendent compte de la difficulté qu'ils ont à connaître
suffisamment les délinquants pour appliquer conve-
nablement les peines d'une part et de l'inanité
d'une sentence préfixe d'autre part, mais il n'en résulte pas moins un très réel danger social : « La
courte peine, dit le Dr F. Von Liszt, n'est pas seulement stérile, elle fait plus de mal à l'ordre social
que ne pourrait faire la complète impunité du délinquant (2). » « Elle est suffisante pour dégrader et

(1) Kraepelin, *Die Abschaffung des strafmasses.*
(2) *Kriminalpolitische Aufgaben.*

pour corrompre, dit encore notre éminent maître M. Saleilles, mais elle est impuissante à réparer le mal moral qu'engendre la prison (1). »

A-t-on affaire à un délinquant primaire, il aura le temps de se dépraver sans que la peine soit suffisante pour prévenir la récidive par intimidation, est-ce au contraire un récidiviste ou un délinquant d'habitude, on peut encore moins parler d'intimidation avec celui-là, de répression, à peine, ce sont quelques mauvais jours à passer — et il en a vu bien d'autres ! — Peut-être même, s'il est écroué dans la mauvaise saison, envisagera-t-il la prison comme un gîte assuré, économique et relativement confortable. D'amendement ? ce court emprisonnement aura, pour employer l'expression énergique de M. le professeur Léveillé, tout juste l'effet d'un cautère sur une jambe de bois (2).

γ) *But des sentences indéterminées.* — Les sentences indéterminées ont pour but précisément la meilleure utilisation de la peine sous deux formes : retarder la libération des individus dangereux, et par l'amendement réalisé remettre en circulation des citoyens utiles ; ici se lève la grave question, l'éternelle question de savoir si la peine se justifie par l'expiation du passé ou par la préparation de l'avenir ; répression ou prévention ?

(1) *L'individualisation de la peine.*
(2) *Le Temps* du 28 avril 1886.

Si l'on envisage la question au point de vue pratique, on ne trouve pas d'opposition réelle, on ne peut pas même séparer la politique criminelle de la répression. Envisageons par exemple la relégation telle que l'organise notre loi française, est-ce un ensemble de délits déjà individuellement punis et en général peu dangereux pour la société — du moins dans la majorité des cas où elle est prononcée, — que le législateur frappe une seconde fois d'une peine extrêmement grave puisqu'elle est au moins en principe perpétuelle ? ou n'est-ce pas plutôt un avenir de crimes qu'il a voulu prévenir et éviter?

« Et tout le régime pénitentiaire, dit fort judicieusement M. F. Lévy, la cellule, le système progressif, le travail, l'instruction, le patronage, tout cela concourt à un même but qui est non l'expiation du passé, mais la préparation de l'avenir (1). »

La sentence indéterminée s'applique à ces deux fonctions de la politique criminelle : l'élimination, l'amendement.

a) L'élimination. — Il semble au premier abord, lorsqu'on parle d'élimination, qu'une peine perpétuelle s'impose, comme étant la seule qui puisse débarrasser la société des incorrigibles, ou, suivant l'expression de M. le professeur Léveillé, des malfaiteurs dont la corrigibilité est tout à fait improba

___

(1) *Des sentences indéterminées*, p. 109.

ble : M. Van Hamel cependant proposait à la 4° session de l'Union internationale de droit pénal à Paris en 1893 d'appliquer une peine indéfinie aux « délinquants qui en vivant librement dans nos sociétés modernes, sont pour elles à cause de leurs tendances criminelles, un danger permanent ». Les chances d'amendement étant à peu près nulles, il semble que la garantie de libération due à ceux qui s'amendent malgré les prévisions, serait très suffisamment assurée en ne prononçant sur l'incorrigibilité de l'agent qu'au cours de la dernière peine, c'est la solution adoptée par les rédacteurs du projet de code pénal suisse (1).

b) L'amendement.— La peine préfixée, nous l'avons vu, est impuissante à assurer un amendement sérieux parce que le détenu sait qu'il peut compter sur une libération à date fixe : il en sera tout autrement dans le cas où, sa libération dépendant de sa bonne volonté, il consacrera son énergie et son intelligence à mériter son élargissement, évidemment ce ne sera pas uniquement par amour du bien qu'il reviendra à la vertu, mais dans ce monde est-ce par un amour désintéressé du bien que sont guidés uniquement ceux qui ne faillissent pas ou qui n'ont pas encore failli ? Les prisonniers ne sont pas meilleurs que les autres hommes, l'appât d'une récompense est donc un stimulant aussi indispensable que légitime.

(1) Stoos, *Revue générale suisse*, 1891.

Il est un grief assez généralement formulé et auquel la pratique seule peut répondre : il est à craindre, dit-on, que l'institution profite surtout aux hypocrites, aux simulateurs qui sauront, par leur servilité, gagner les bonnes grâces de l'administration : il arrive souvent dans certains pays que le type du bon détenu, celui pour qui l'administration (1) réserve toutes ses faveurs, soit le récidiviste le plus endurci, le *cheval de retour* le plus décidé, il est déjà fâcheux qu'il puisse se procurer des adoucissements, ne serait-il pas désastreux que le système d'indétermination permît à l'administration de remettre en circulation très rapidement cet être essentiellement dangereux ?

Mais cette soumission, répondrons-nous d'abord, est-ce l'amendement ou seulement la discipline ? L'amendement est plus, ce n'est pas à coup sûr cette réforme radicale du coupable dont parlait jadis M. de Tocqueville, et qu'il prétendait faire résulter du régime philadelphien que l'on peut espérer obtenir ; ce qu'on peut, ce qu'on doit demander à l'administration, c'est de libérer à la place d'un malfaiteur prêt à la récidive, un citoyen utile, relativement honnête, capable de gagner sa vie, destiné à ne pas rentrer dans le milieu qui l'avait perdu.

(1) Il est bien entendu que tout ce que nous disons ici est exprimé d'une manière absolument générale et théorique et qu'aucune administration n'est individuellement fixée.

Le critérium de l'amendement, nous croyons qu'on peut, dans une certaine mesure, le trouver dans le travail ; l'apprentissage, l'exécution régulière et consciencieuse d'une tâche ménageront au faux amendé plus d'une occasion de se trahir. Pour le détenu sincère, au contraire, l'application et les progrès dans son travail fourniront à la fois la preuve de son amendement et la mesure de ce qu'il pourra faire une fois remis en liberté.

Mais en confiant ce rôle énorme, disons le mot : ce pouvoir discrétionnaire, à l'administration pénitentiaire, il peut venir une crainte : elle vient naturellement : sera-t-elle à la hauteur de la tâche qu'on lui impose ?

« Il faudrait, dit M. Tarde, pouvoir mettre en regard les uns des autres, dans une prison, les pires des brutes humaines et les meilleurs des hommes, les Cartouche et les Vincent de Paul. Qu'on cherche ceux-ci, on finira bien par les trouver comme on découvre ceux-là. Alors il sera possible de tenter les réformes nécessaires qui tendent toutes, en somme, à élargir les pouvoirs arbitraires livrés au directeur, aux inspecteurs, aux employés des établissements pénitentiaires. » C'est là une conviction rassurante, ceux qui connaissent Louvain et Saint-Gilles n'hésiteront pas à la partager dans une certaine mesure, mais il n'en est pas moins vrai que, si excellents que soient les hommes qui la composent, une administration est, de par son essence même, insuffisamment souple, « liée par son éducation réglementaire et administrative, n'ayant pas l'habitude de l'initiative et n'ayant pas le droit d'avoir des idées propres, de faire des essais ou des expériences ; les innovations ne peuvent se faire que par voie de règlements généraux (1). »

Mais ces inconvénients inhérents au caractère officiel d'une administration ne se retrouvent pas dans l'initiative privée, c'est là un premier avantage et très considérable des *reformatories*. Les étatistes soutiennent, il est vrai, que la peine est affaire d'État et de puissance publique, mais pourquoi ? Le jugement, cela est bien certain car le prononcé d'une peine est affaire de souveraineté nationale, mais l'exécution de la peine appartient à ceux à qui l'État veut bien la confier ; pourquoi ne s'adresse-t-il pas aussi bien qu'à des fonctionnaires à des établissements d'initiative privée pourvu qu'ils prêtassent des garanties suffisantes ?

Une telle organisation ne peut pas être absolument généralisée, car elle exige une souplesse d'individualisation incompatible avec une organisation d'état : il faut des établissements à personnel restreint et par conséquent en très grand nombre, laissant à la direction la plus grande latitude pour

(1) Saleilles, *L'individualisation de la peine*, p. 273.

l'emploi des procédés curatifs, depuis des peines disciplinaires jusqu'au traitement le plus doux tel que l'essai de travail libre chez des patrons. Mais elle peut venir se placer à côté des établissements d'état pour offrir son concours aux tribunaux comme le permet la loi de l'État de New-York, il y aurait pour eux une solution intermédiaire entre la prononciation du sursis et l'envoi dans les établissements d'état pour l'exécution d'une peine préfixée. Ce serait le sauvetage assuré, ou au moins tenté, de quelques délinquants primaires, de ces « passagers de la criminalité qui la traversent sans lui appartenir déjà corps et âme » (Saleilles).

δ) *Conclusion*. — Telle est cette théorie des sentences indéterminées qui rencontre dans la science et dans la pratique des défenseurs de plus en plus nombreux : si elle n'a pas encore donné naissance à un système complet, du moins l'essai pratique que nous allons étudier maintenant présente-t-il des résultats des plus séduisants et de plus il faut reconnaître que, dans toutes les législations parmi les lois récentes, chacune introduit quelque chose d'indéterminé.

Si nous nous en tenons à la seule législation française, nous trouvons la loi du 27 mai 1885 qui organise la relégation, peine perpétuelle, mais qui dans son article 16 décide que le relégué pourra, à partir de la 6ᵉ année de sa libération, intenter devant le tribunal de la localité une action tendant à se faire relever de la relégation, en justifiant de sa bonne conduite, des services rendus à la colonisation et de moyens d'existence. N'est-ce pas là une peine relativement indéterminée dont le maximum est égal à la vie du condamné et le minimum à 6 ans ?

Vient ensuite la loi du 14 août 1885 *sur les moyens de prévenir la récidive* qui organise la libération conditionnelle. L'article 2 porte que : tous condamnés ayant à subir une ou plusieurs peines emportant privation de la liberté peuvent, après avoir accompli trois mois d'emprisonnement, si les peines sont inférieures à 6 mois, ou, dans le cas contraire, la moitié de leur peine, être mis en liberté... toutefois, s'il y a récidive légale.... la durée de l'emprisonnement est portée à 6 mois, si les peines sont inférieures, à 9 mois, et aux 2/3 de la peine dans le cas contraire. Ne peut-on pas dire, en faisant une interprétation semblable à celle que nous avons donnée à l'article 16 de la loi du 27 mai 1885, que la sentence relativement indéterminée porte un maximum qui est le montant de la condamnation et laisse à l'administration le soin de fixer *a posteriori* la durée de la peine en lui imposant un minimum : la 1/2 ou les 2/3 du maximum suivant les cas ?

Nous sommes bien forcé d'avouer qu'il y a là une évolution basée sur une idée généreuse et sur une politique habile ; mais il est une critique adressée fréquemment à l'indétermination et qui nous paraît à peu près inéluctable : la fixation *a priori* d'une peine est, dit-on, la seule garantie de la liberté des citoyens, comment autrement seraient-ils à l'abri d'une séquestration, d'une détention arbitraire ? Le bien le plus précieux des citoyens ne sera-t-il pas livré, se demande M. Prins, au bon plaisir d'agents inférieurs ?

Avec le pouvoir arbitraire de l'administration, dit M. Sternau (1) : « le citoyen qui, pour un léger délit, aura été condamné et envoyé dans l'établissement ne saura pas, au bout de 6 mois, au bout de 3 ans, au bout de 10 ans, ni même si jamais il recouvrera sa liberté ».

Par le seul fait de son essence, il est à craindre qu'une administration ne soit accessible à toutes les influences du dehors ; les fonctionnaires essentiellement amovibles qui attendent tout des supérieurs, qu'ils s'appellent préfet, gouverneur, député, représentant, délégué, etc..., ne sont-ils pas exposés à devenir les instruments de ces maîtres tout puissants ? Et s'il s'agit de condamnation politique, surtout n'est-il pas à craindre que le malheureux détenu qui s'étonnera d'une détention prolongée, ne s'entende répondre : « Tu non es amicus Cæsaris —

____

(1) *Die Abschaffung des Strafmasses.*

tu n'es pas l'ami de César ! » — Ne serait-il pas
dangereux, au point de vue même du prestige et de
l'autorité — indispensables — des plus intègres de
les laisser exposés aux pires soupçons ?

On peut répondre que, d'abord au cas d'indétermination relative, ce pouvoir discrétionnaire sera
très limité puisque, d'une manière générale, il ne
serait pas sans contrôle, mais soumis à la surveillance de commissions où les juges qui ont prononcé
la condamnation, seraient certainement représen-
tés.

Nous répondrons surtout que c'est voir les choses
avec trop de pessimisme, que la corruption n'est pas
partout et que le recrutement d'un personnel est une
question de fait qui ne peut entrer en ligne de compte ;
qu'enfin il n'y a pas de progrès sans victimes et que
si l'on peut craindre quelques erreurs et quelques
iniquités, une individualisation approfondie et rai-
sonnée ne peut aller sans arbitraire, mais qu'elle
est un progrès qu'on doit s'attacher à poursuivre
sans s'étonner de rencontrer là, comme partout ailleurs, l'imperfection inhérente à toutes les institutions humaines.

CHAPITRE II

SECTION I. — L'établissement d'Elmira.

α) *Généralités.* — Le système dit des *indeterminate sentence* fonctionne en Amérique dans une
quinzaine d'Etats de l'Union, se rattachant à différentes considérations d'âge, ou de qualité morale
des délinquants. On prend généralement pour type
des différents *reformatories* où elles s'exécutent celui de l'Etat de New-York parce qu'il est considéré
comme le modèle des autres, que son directeur
(M. Brockway) est l'apôtre et le créateur de ce
genre d'établissements, et qu'il est le mieux connu.

Directeur de pénitenciers depuis longtemps déjà
M. Brockway, lassé de l'insignifiance des résultats
du régime traditionnel, eut l'idée de faire du relèvement moral des condamnés leur propre but en même
temps que celui de l'administration : il fallait pour
cela d'abord créer une méthode de traitement absolument différente de celle des pénitenciers et surtout, en ayant recours aux sentences indéterminées,
enlever au condamné la certitude d'une libération à

date déterminée qui est un encouragement si puissant à l'inertie. Il se sépara en 1876 de l'administration, et fonda un établissement privé. Il obtint de l'Etat de New-York que les tribunaux seraient autorisés à lui remettre les délinquants qui paraîtraient aux juges particulièrement susceptibles d'amendement.

La théorie de M. Brockway est avant tout de développer l'individu ; c'est à la force de caractère, à l'énergie qu'il faut faire appel pour éviter la récidive en tirant pour ainsi dire du condamné les éléments d'un homme nouveau qui sera un citoyen probe et normal et en ne lui ouvrant les portes de la liberté que le jour où il sera prêt à y fonctionner régulièrement, sans danger, voire avec profit pour la société.

β)*La sélection des sujets.*—L'expérience antérieure de M. Brockway lui faisait connaître qu'il ne pouvait espérer appliquer les sentences indéterminées avec fruit à tous les délinquants (c'est là, suivant le mot de M. le professeur Léveillé, un système « simple comme une idée fausse »). La première condition qui s'imposait était donc un choix à faire des délinquants qui seraient soumis au régime moralisateur, mais la question est très complexe : d'après quel critérium trouver ces délinquants de choix !

Une limite d'âge ne peut suffire, car ce n'est, si l'on peut ainsi parler, qu'un diagnostic collectif et *a priori*, une étude sommaire des antécédents ! Tout cela est bien vague, bien insuffisant ; le casier judiciaire ? Il n'existe pas si le délinquant en est à sa première infraction.

M. F. Von Liszt a proposé de demander à la statistique criminelle quels sont les délits qui ont le caractère de délits d'habitude. On classerait alors après la première ou seconde infraction, l'auteur d'un tel délit dans la catégorie des futurs récidivistes et les sentences indéterminées s'imposeraient, puisque c'est le seul moyen d'éviter l'élimination éventuelle d'un délinquant qu'on aurait laissé devenir incorrigible.

C'est le système adopté par les tribunaux de l'État de New-York pour le choix des délinquants à confier à M. Brockway ; l'âge ne sert pas de critérium, néanmoins il entre en ligne de compte (1). Elmira ne reçoit que des délinquants primaires (sauf de rares exceptions) de 16 à 30 ans. Ajoutons encore que les tribunaux n'employent pas le critérium *a priori* : les antécédents du prévenu sont soigneusement examinés et posés, et le jugement qui prononce l'envoi à Elmira édicte un maximum de durée de la peine : « la sentence n'est donc indéterminée qu'à concurrence du maximum » (Le Poittevin), il y a en outre un minimum général et absolu d'un an.

(1) D'après M. Winter, *Die New-yorckstaetliche Besserungsanstalt zu Elmira*, 57,9 0/0 des détenus ont de 16 à 20 ans ; 31.8 0/0, de 20 à 25 ; 10.3 de 25 à 30.

C'est cette forme d'indétermination relative que M. Van Hamel préconise dans son rapport présenté à la *Société générale des prisons* le 19 avril 1899 : « un minimum judiciaire et un maximum légal ». Ce système, ajoute-t-il, implique des enquêtes périodiques sur la situation morale et la possibilité du reclassement social du détenu.

C'est le système de contrôle que comporte aussi le système du docteur F. von Listz. Nous ne croyons pas devoir nous étendre ici sur la question qui s'écarte sensiblement de notre point de vue et nous nous contentons d'indiquer la magistrale discussion à laquelle a donné lieu récemment devant la Société générale des prisons, un rapport de M. Van Hamel (bulletin de mai et juin).

SECTION II

α) *Le régime*. — Le régime ne présente aucune uniformité, bien entendu, puisqu'il s'agit de l'individualisation la plus complète ; il n'est composé que lorsque le surintendant a fait le diagnostic le plus complet.

Loin de se contenter des renseignements qui lui sont fournis par la copie complète de la procédure qui lui est envoyée avec le condamné, il approfondit à son tour l'état moral de celui-ci après lui avoir laissé quelques jours de méditation en cellule.

M. Brockway examine le passé de l'homme, ses relations, son genre de vie, sa profession ; remontant dans son histoire, scrutant le passé de ses parents, de ses grands-parents même (remarquons qu'en Amérique ils doivent être d'ailleurs assez souvent inconnus), pour employer le mot d'un juge d'instruction, il *déshabille* le détenu, il le dépouille du personnage artificiel que leur extraordinaire instinct de simulation fait presque toujours revêtir aux délinquants ; lorsqu'une confiance réciproque, si l'on peut ainsi parler, s'est établie entre le surintendant et son pensionnaire, il explique à celui-ci le régime auquel il va être soumis, quel sera son travail, quel but ils vont poursuivre ensemble, « il ne s'agit, lui dit-il en substance, ni du passé, ni d'hier, ni d'une peine pour avoir mal agi, mais d'aujourd'hui et de demain, de la récompense d'un amendement volontaire ».

β) *L'enseignement.* — La direction ne se contente pas de libérer le détenu lorsque l'amendement recherché semble obtenu, mais s'occupant encore de lui trouver une situation elle donne aux détenus l'instruction nécessaire pour figurer honorablement dans la société.

Elle est donnée en commun par des instituteurs appartenant à l'établissement, qui vivent au milieu des détenus, les visitent dans leurs cellules, entretiennent avec eux des relations qui sont un moyen

efficace de direction et de contrôle. Quel est l'objet
de cet enseignement ? En principe l'instruction morale et des notions pratiques en vue de la profession
à venir, mais soit grâce au dévouement des instituteurs, soit par les conférences que viennent donner
des professeurs mus par la sympathie dont est entourée en Amérique l'œuvre de réforme elle est singulièrement plus élevée si nous croyons M. Wach (1).

Celui-ci cite en effet des sujets de questions posées
à des élèves d'Elmira et qui dépassent singulièrement le programme de l'instruction donnée dans les
prisons d'Europe ; citons au hasard : expliquer le
système du phonographe Edison, décrire une maison juive de l'antiquité, et enfin : critiquer le système
des sentences indéterminées.

Ajoutons que ces notions peuvent être attribuées
en partie aux lectures que font en grand nombre
les détenus : une bibliothèque très complète est mise
largement à leur disposition ; ils lisent une moyenne
de 30 à 35 volumes par an ; enfin — trait surprenant pour des Européens — les détenus rédigent,
impriment et lisent un journal hebdomadaire (*the
summary*). Le fait n'est d'ailleurs point unique en
Amérique, la prison de Sin-Sing (New-York) édite
elle aussi un journal hebdomadaire *the star of the
hope* qui est même vendu sur la voie publique.

Quoi de surprenant à cela, après tout ? Le but du

(1) Wach, *Die Reform der Freiheitsshaffe.*

régime n'est-il pas de procurer à chacun un moyen de gagner honnêtement sa vie plus tard, et son principe n'est-il pas de s'éloigner le moins possible de la vie en société et des initiatives qu'elle comporte ? Puisque de plus on laisse à Elmira le détenu libre de choisir son métier, il est très juste qu'il puisse choisir celui de journaliste qui, à la sortie lui sera d'autant plus facilement ouvert qu'il est, il faut bien le reconnaître, l'un de ceux où l'on demande le moins aux gens d'où ils sortent ?

Peut-être serait-on tenté de voir ici une exagération : il n'en est rien, et nous demandons la permission de citer la communication que fit récemment à la Société générale des prisons le révérend S. J. Barrows, député au congrès fédéral : « . . . . . Quelle était l'histoire de ce jeune homme ? Il était né à New-York. Enfant, il prit de mauvaises habitudes. Vers l'âge de 18 ou 19 ans, il fut arrêté pour vol et envoyé au *reformatory* d'Elmira. Une infirmité qu'il avait à la main l'empêcha d'apprendre un métier ; mais il pouvait se servir d'une plume, il commit quelques fautes, fut puni et médita de se suicider. Alors une inspiration lui vint. Il étudia les auteurs américains et anglais, la morale, les mathématiques et fit connaissance avec les classiques. Un journal est publié dans l'établissement chaque semaine à l'usage des prisonniers. Ce jeune homme en devint le rédacteur. Allant un jour faire une conférence à l'établissement, je fis sa connaissance. Puis il fut rendu à la liberté ; il vint chez moi et me dit qu'il voulait être journaliste. Je l'envoyai aux bureaux de quelques-uns de nos grands journaux. On lui répondit qu'il n'y avait pas de place. Alors je lui dis : j'ai été journaliste pendant plusieurs années ; il y a un moyen sûr d'arriver à écrire dans un journal. Achetez une bouteille d'encre, une plume, du papier ; écrivez ce que vous êtes capable d'écrire, ce qui doit être écrit, et alors les portes s'ouvriront. — Il me quitta et quand je le rencontrai, trois ans plus tard, c'était dans l'une de nos grandes cités : « Comment cela va-t-il ? » lui dis-je. — « J'ai suivi votre conseil. J'ai écrit des articles, j'ai bientôt obtenu le poste de reporter. Et aujourd'hui je suis éditeur et je reçois 60 dollars par semaine. »

Pensez-vous qu'il croit à l'efficacité de la sentence indéterminée ? Ce dont je suis sûr, c'est qu'il peut montrer le *reformatory* d'Elmira et son admirable directeur, M. Brockway, et dire : « Là j'ai trouvé la résurrection et la vie ! »

Nous voilà bien loin des systèmes d'isolement que nous avons étudiés précédemment et cependant nous avons, à deux reprises, écrit le mot de cellule : c'est que M. Brockway ne s'est même pas posé la question (nous ne reviendrons pas, bien entendu, sur ce que nous avons dit dans la première partie de cette étude), mais il ne demande à la cellule que la fonction négative et ne recule pas devant la communauté de certains exercices : l'instruction militaire, la gymnastique, la natation.....

γ) *Le travail.* — Il en est de même de l'instruction professionnelle qui est donnée par classes et où toutes les branches de l'industrie humaine sont ou peuvent être représentées : le reproche que nous avons adressé au régime d'isolement et essayé de réfuter au nom de ses partisans, était de ne pas se prêter à l'enseignement des professions agricoles, on fait à Elmira des agriculteurs comme on y fait des maçons et des forgerons, des charpentiers, des serruriers et des briquetiers (1). On y enseigne aussi les industries d'art, terre cuite, modelage, dessin d'après nature (2).

Mais à propos du travail se présente une question à examiner, l'apprentissage n'occupe pas tous les efforts des pensionnaires d'Elmira : une partie du temps est consacrée au travail productif ; nous retrouvons ici le principe dit du *Self-supporting* que nous avons signalé comme un des principes de l'organisation anglaise (la dépense moyenne par détenu s'élève à 40,8 cents par jour) mais augmenté d'un argument moral : ce système, disent ses partisans,

----

(1) Rapport de M. Yvon, *Bulletin de la Société générale des prisons,* février-mai 1895.

(2) V. dans la monographie publiée à l'occasion du Congrès de Paris la nomenclature des métiers enseignés.

présente ce double avantage de permettre au condamné de prouver qu'il est capable de gagner sa vie, et par cette preuve de reprendre confiance en lui-même : il est vrai et l'argument est assez séduisant, mais il nous semble voiler insuffisamment le danger de la tendance économique, car cette preuve de capacité du détenu se ferait tout aussi bien et beaucoup plus utilement en concentrant tous les efforts des détenus sur l'apprentissage, d'autant plus intéressant et fructueux, rappelons-le, qu'ils ont librement choisi leur occupation. Or n'est-il pas à craindre que le ralentissement apporté dans leur apprentissage ne retarde le moment où leur amendement sera jugé complet puisqu'on s'inquiète pour prononcer la libération de ce que le détenu est capable de faire dans la vie libre ? Ce reproche nous paraît assez sérieux déjà, faisons encore remarquer à ceux que séduit le *self-supporting* que l'avantage n'est peut-être pas bien considérable puisque si le détenu coûte moins cher à la fois, il coûte plus longtemps.

δ) *La discipline.* — On s'attendrait, dans un pareil établissement, à rencontrer un système de récompenses et de punitions purement morales, or le côté physique joue un grand rôle dans les mesures disciplinaires à Elmira.

C'est le surintendant seul qui a le droit de prononcer une peine ou d'accorder une récompense : les peines sont des châtiments corporels ; les ou plutôt

la récompense est le passage de la 2ᵉ à la 1ʳᵉ classe.
Voici ce que sont et comment fonctionnent ces classes, qui rappellent d'assez près celles du système
anglais : les détenus sont placés à leur arrivée dans
la seconde, ils y sont l'objet d'une surveillance très
active : chaque soir les gardiens fournissent un rapport sommaire sur chaque détenu ; en outre la conduite, l'application au travail, les progrès dans l'instruction font l'objet de trois marques qui permettent de constituer le dossier de l'évolution du détenu ;
au cas où elles ne sont pas satisfaisantes, le détenu
peut être mis dans la 3ᵉ classe, dont le logement et la
nourriture sont moins confortables que ceux de la
seconde. Enfin si la conduite du détenu continue à
être mauvaise, si aucun espoir de réforme ne sub-
siste, il est remis à un pénitencier ordinaire où il
subit la peine que le tribunal répressif avait d'abord
voulu lui épargner.

Si au contraire les marques et les rapports témoi-
gnent d'un effort continu et d'une réforme en bonne
voie, le détenu est admis au bout de six mois à la
première classe. La vie qu'il mène alors se rapproche de la vie sociale ; il porte un uniforme relativement élégant, est autorisé à s'entretenir avec ses
codétenus durant les repas qui sont pris en commun.
Il est autorisé à orner sa cellule, à en augmenter le
confortable (jusqu'à concurrence d'un lit de plumes),
enfin comme la libération approche, les détenus sont

tenus au courant des nouvelles du dehors. Outre l'école, la lecture, la correspondance, ils sont admis à des concerts et des lectures publiques.

Ce confortable et ce genre de traitement rencontrent naturellement les objections auxquelles nous nous sommes heurtés lorsqu'il s'est agi du régime cellulaire de la part des partisans de la répression à outrance, il est possible qu'il y ait quelqu'exagération, mais on peut sans aller chercher bien loin en trouver de pareilles (nous nous contenterons de citer la fanfare de la maison centrale de Melun, et quant aux costumes, les galons rouges et verts dont sont décorés les *prévôts* dans nos prisons françaises). Le système des classes lui-même est très discuté, l'étude que nous en avons faite dans notre seconde partie ne nous dispense-t-elle pas de développer ici sa défense. Nous croyons bien qu'il est l'essence de tout régime réformateur et notre législation elle-même n'en contient-t-elle pas quelques applications ? — Nous venons de parler des prévôts de nos établissements pénitentiaires et qu'est-ce donc autre chose qu'une classe ; cette distinction, en les mettant au-dessus de leurs codétenus, les laisse au milieu d'eux, en en faisant les auxiliaires redoutables et douteux de l'administration ?

ε) *L'esprit du régime.* — Toutes ces mesures de discipline dépendent absolument, et c'est le grand grief que l'on peut formuler, du pouvoir arbitraire, absolu en fait, d'un seul homme. Il y a bien à côté de M. Brockway un conseil de surveillance (*board of managers*) composé de cinq membres élus pour cinq ans par le gouverneur de l'Etat et le Sénat, mais il se réunit 4 fois par an pour statuer en dernier ressort sur les libérations ; l'administration dépend donc bien d'un seul homme, de lui aussi moralement et en fait le sort des condamnés qui lui sont confiés. Il les connaît admirablement (1), il est vrai, il se dévoue avec une âme d'apôtre comme le veut M. Tarde ; au-dessous de lui ne dépendant et n'attendant rien que de lui fonctionne un personnel d'élite (2), c'est vrai encore ; mais n'y a-t-il pas là un grave danger ?

Le *reformatory* d'Elmira fonctionne admirablement, ses résultats d'après la statistique sont très séduisants, mais il faut reconnaître que ce succès même confirme la crainte que nous émettions à la fin du précédent chapitre parce qu'il est incontestablement dû à la valeur personnelle du surintendant Brockway.

---

(1) Tous les soirs M. Brockway reçoit tous les détenus qui le demandent, soit 40 ou 50.

(2) Nous avons eu déjà dans la première partie à insister sur la grave question du personnel : longuement discutée au Congrès de Stockholm (Desporte et Lefebure, *La science pénitentiaire au Congrès de Stockholm*, p. 178), elle demanderait une étude approfondie. Citons ici d'après M. Winter le montant des émoluments de quelques fonctionnaires ; surintendant : 3.500 dollars (17.500 fr.), surveillant chef, 1.000 dollars, surveillant : 600 dollars.

D'autre part n'est-ce pas une preuve de l'utilité et
de l'efficacité que l'on peut attendre de l'initiative
privée ; « on peut espérer bien plus d'un directeur
dont l'intérêt personnel et l'ambition sont liés aux
succès de l'œuvre, dont toutes les pensées et tous les
efforts, dont l'existence entière tendent à ce but d'a-
mendement des criminels que d'un fonctionnaire
qui se contente de faire son devoir et de remplir ses
instructions » (Winter), et à plus forte raison d'un
personnel composé non plus d'une série de fonctionnaires accessibles à toutes les inquiétudes d'un avancement laborieux mais d'individualités insoucieuses
des influences extérieures, bien dans la main du chef,
n'attendant rien que de lui et en attendant tout. Il
faut encore dégager des causes du succès d'Elmira
un élément considérable : l'élément religieux. « Il
semble, dit M. Saleilles, que c'eût été la mission de
l'esprit protestant d'avoir suscité comme des aposto-
lats individuels pour toutes les œuvres de régénération sociale en leur laissant un caractère très humain
et tout en leur donnant pour base un sentiment de
foi très intense.... »

C'est là un facteur dont chacun peut penser ce
qu'il veut en tant qu'il s'agit d'en apprécier la valeur comme réalité objective, mais dont aucun crimi-
naliste n'a le droit de négliger la valeur pénitentiaire,
car il ne saurait y avoir de levier plus puissant pour
la réforme des consciences et la remise au point des
idées morales. »

La citation est longue, et nous nous en excusons, mais il est impossible de formuler d'une façon plus définitive une conviction à laquelle nous tenons à adhérer.

ζ) *La libération*. — Si les détenus ont, suivant la formule courante, la clef de leur prison en main, la porte ne s'ouvre pas sans un examen sérieux de l'administration et lorsqu'ils sont sortis ne se ferme pas sans retour : la libération comme nous l'avons déjà dit ne peut être prononcée qu'après un minimum de détention d'un an, elle l'est par le *board of managers* sur la proposition du surintendant et n'est définitive qu'au bout de six mois ; durant ce délai le détenu qui a eu très généralement une situation assurée grâce à l'intérêt qu'on porte aux États-Unis aux libérés surtout à ceux qui sortent des maisons de réforme (à l'encontre de ce qui se passe en Europe), le détenu reste sous la surveillance de fonctionnaires spéciaux qui peuvent à la première rechute le ramener à Elmira, de plus son patron, ou quelque personne de confiance (ecclésiastique généralement) se charge de tenir l'administration du *reformatory* au courant de la conduite du libéré.

Nous ne pouvons terminer cet exposé sans donner quelques chiffres empruntés à l'étude de M. Winter : de 1876 à 1889, soit en 13 ans, le *reformatory* a libéré 3.990 condamnés ; sur 3.074 libérés, il y en a eu seulement 14 sans condition. 139 ont atteint

le maximum prononcé par le tribunal répressif, 85
ont dû être renvoyés au pénitencier, 62 ont échappé
à la répression : 17 par évasion, 45 par la mort
(39 morts naturelles, 3 suicides, 2 accidents, 1 meurtre par un codétenu) (1). Enfin il y eut 2.295 libérés
conditionnellement, sur ceux-ci 1.389 seulement
obtinrent leur libération définitive au bout de 6 mois,
pour le reste : 111 libérés depuis moins de 6 mois ne
peuvent entrer dans le calcul, car on ne sait encore
ce qu'il adviendra d'eux, 151 ont quitté l'Etat de
New-York, et on n'a plus de renseignements sur eux.
Il en est de même pour 174 autres qui ont disparu
et qui sont morts, enfin 175 ont été ramenés ou renvoyés dans des pénitenciers, 20 sont rentrés volon-
tairement, 266 n'ont été libérés définitivement qu'à
l'expiration du maximum légal de leur peine.

Résumant, ou plutôt employant tous ces chiffres,
M. Winter établit un calcul d'où il résulte que 83 0/0
des détenus soumis au régime se sont amendés
tandis que 15 0/0 seulement ont récidivé (les
2 0/0 qui restent représentent les décès et les dispa-
ritions).

Ces chiffres seraient assurément probants, mais
qui a pu se rendre compte de l'enthousiasme de

____

(1) On comprend dès lors que, dans cet établissement de cure
morale, les moyens de coercition soient parfois corporels et l'utilité du revolver dont sont munis les veilleurs de nuit apparaît
incontestable.

M. Winter pour l'œuvre de M. Brockway ne peut les accepter que sous bénéfice d'inventaire. Si l'on repasse son calcul, en effet, on s'aperçoit qu'il range au nombre des amendés la moitié de ceux qui n'ont été libérés qu'à l'expiration du maximum légal, qui ont quitté l'Etat de New-York, ou qui se sont contentés de disparaître, parce que, dit-il : « il est invraisemblable d'admettre que la méthode ne produise pas quelque effet sur un individu ». Il nous semble superflu d'insister sur la valeur d'une telle présomption ; il suffit, d'ailleurs, de laisser de côté ces 279 libérés, dont l'amendement est presque douteux pour arriver à la moyenne de 70,85 0/0, chiffre déjà très respectable.

η) Conclusion. — Une remarque s'impose : le régime d'Elmira n'est appliqué qu'à des délinquants primaires mâles, âgés de 16 à 30 ans. Les hommes mûrs, les récidivistes d'une manière à peu près générale et les femmes en sont exclus : est-ce que cette sélection n'enlève pas aux résultats d'Elmira toute portée générale, ne semble-t-elle pas impliquer l'impossibilité d'appliquer le régime en grand à tous les délinquants ? Nous ne le croyons pas : il faut se rendre compte simplement qu'en faisant un essai M. Brockway a voulu entourer sa tentative des conditions les plus favorables, mais à ses yeux le régime peut être appliqué avec succès aux récidivis-

tes, il l'a dit dans un rapport au congrès pénitentiaire de St-Pétersbourg (1).

Nous n'entrerons pas dans la discussion de cette
question, car nous ne voulons présenter que les or-
ganisations dans leur état actuel de fonctionnement
et des résultats acquis. Nous nous arrêterons donc
ici en faisant encore une fois cette remarque qui
semble être en somme la clef de tous les régimes ; la
première condition à rechercher est toujours la
qualité du personnel: si Elmira réussit c'est que
M. Brockway se consacre à son œuvre avec la passion d'un créateur et le dévouement d'un apôtre.

(1) Section II, 6e question, *Les récidivistes et les mesures à prendre
contre eux.*

CONCLUSION

Voici que nous avons étudié successivement,
comme nous l'avions projeté, les trois régimes que
l'on peut prendre comme types des systèmes pénitentiaires à la fois et comme étapes de l'idée d'amendement, et le moment est venu de nous demander si,
en dehors de l'idée indiscutable que formule si justement ainsi M. Bérenger : « Il faut arriver, tandis
que l'exécution de la peine met le condamné à la
disposition de l'administration, à profiter de cette
circonstance pour faire tourner le temps de sa cap-
tivité au profit de son amélioration, ce qui est en
même temps le moyen le plus efficace de travailler à
la préservation sociale », de nous demander, disons-
nous, si, partant de cette idée incontestée et s'éclai-
rant de l'expérience qui résulte de nos investigations, on peut essayer de construire un type général
de régime pénitentiaire.

Nous ne le croyons pas, parce que du fait même
que les traitements pénitentiaires s'appliquent à des
hommes qui, s'ils ont sous toutes les latitudes les
mêmes vices ou les mêmes faiblesses, ont aussi des
caractères et des tempéraments différents, tel type
de régime qui réussira à merveille (et y en a-t-il ?)

dans tel pays, ne produira à l'autre bout de l'Europe et à plus forte raison à l'autre bout du monde, qu'un résultat insignifiant, déplorable peut-être. Si nous faisons en outre cette remarque élémentaire que philosophes et criminalistes de tous pays sont loin d'être d'accord, même sur les théories les plus fondamentales, nous serons forcé de reconnaître que toute tentative de régime uniforme serait vouée à un échec aussi certain que quelque chimère de paix éternelle ou de désarmement général.

Est-ce à dire que toutes les tentatives soient condamnées à l'isolement sans que rien de général et de collectif en puisse résulter ? Non, assurément : si elle varie dans ses caractères, la nature humaine reste une et semblable à elle-même ; la politique criminelle aura donc toujours une base uniforme : M. von Liszt le dit excellemment dans une préface qui est tout un exposé de principes (1). « Aussi longtemps que le voleur de profession et l'escroc seront chez eux aussi bien à Paris qu'à Vienne et à Londres, aussi longtemps que le rouble russe sera contrefait en France ou en Angleterre et mis en circulation en Allemagne ; aussi longtemps que les associations de filous, les bandes noires ne cesseront leur exploitation internationale ; aussi longtemps que les passions et les faiblesses des mortels ne représenteront en

____

(1) *La législation pénale comparée*, t. I ; — *Les États européens*, par le docteur F. Von Liszt.

deçà comme au delà des frontières que des variations
sur le même thème fondamental, aussi longtemps la
politique criminelle des divers pays pourra prendre comme point de départ des idées fondamentales
uniformes. »

De base unique, il ne peut y en avoir qu'une, et c'est
cette conception de la peine que formule ainsi M. le
professeur Saleilles : « Tout ce qu'on peut demander
à la peine, c'est de faire du condamné un honnête
homme, si c'est possible, ou de le mettre hors d'état
de nuire, s'il est incorrigible », parce que c'est la
seule qui présente la peine à ses yeux bien plus comme un secours offert à son infortune et à son repentir que comme l'action vengeresse d'une force immar-
cessible qui est celle de la société.

De procédé, il en est un qui s'impose : c'est l'individualisation de la peine, que ce soit par l'isolement
prolongé si l'on s'attache à rendre radicale la fonction négative de la peine ; par le système progressif
ou par le système de réforme si l'on veut bien enfin
se résoudre à oublier le crime pour ne voir que
l'homme.

Nous nous garderons bien de faire un choix, car
il est certain que la première condition du succès
d'un régime, qu'il soit pénitentiaire ou politique, c'est
d'être adapté aux caractères, aux tempéraments
qu'il doit gouverner et puis surtout — et c'est peut-
être le seul enseignement qui doive résulter de cette

simple étude — parce qu'un régime ne vaut que par
la conviction et le dévouement des hommes qui le
mettent en œuvre :

Crofton disparaît et le régime irlandais ne présente plus qu'impuissance et ruines.

Du Cane paraît et le système progressif animé
d'un souffle novateur se perfectionne et s'élève.

S'agit-il d'encellulement, c'est Stevens qui crée
une organisation que son initiative puissante vivifie
et que ses disciples éclairés conduisent avec un inlassable dévouement, c'est en France la construction
de Fresnes, à laquelle restera attaché le nom de
Duflos.

Est-ce le régime de réforme? L'apostolat d'un
Brockway s'impose et par sa valeur morale et par
la fécondité de son exemple et par l'incontestable
autorité des résultats obtenus.

Notre conclusion sera donc celle-ci : l'œuvre pénitentiaire dépend avant tout de ceux qui l'exécutent:
qu'ils aient la foi, qu'ils aient le dévouement, qu'ils
consentent à se pencher sur les clients que la loi
remet entre leurs mains pour individualiser la
peine : pour, suivant l'éternelle parole de justice,
sonder les reins et les cœurs, et, quel que soit le régime qu'ils soient chargés d'appliquer, leur œuvre
sera féconde.

APPENDICES

I. — TABLEAU DE MAXIMES ET RÉFLEXIONS

II. — FICHE DE VISITES

7e SÉRIE

1. — Notre vie est courte, il faut bien l'employer.

Instruisons-nous, lisons dans l'âge le plus tendre.

A tout âge, en tout temps, on a besoin d'apprendre.

Et, c'est un jour perdu, qu'un jour sans travailler.

———

2. — Celui qui se relâche dans son courage est frère de celui qui dissipe ce qu'il a.

———

3. — Ni l'or, ni la grandeur ne nous rendent heureux.

———

4. — Nous ne voyons pas toujours les choses telles qu'elles sont.

———

5. — L'amour de Dieu conduit à la sagesse.

———

6. — Le travail calme la passion, occupe l'esprit et éloigne l'ennui.

———

7. — Celui qui veut s'enrichir par le travail doit mettre la main à l'œuvre sans tarder.

———

8. — Les tonneaux vides sont ceux qui font le plus de bruit.

9. — L'entêtement est une faiblesse absurde: si vous avez raison, il amoindrit votre triomphe ; si vous avez tort, il rend honteuse votre défaite.

———

10. — Le meilleur de tous les hommes est celui qui est le plus utile à ses semblables.

———

11. — Le travail est la plus grande source de bonheur.

———

12. — Si vous partez d'une erreur, vous n'aboutirez pas à la vérité.

———

13. — Trop de promptitude nous expose souvent à commettre des erreurs.

———

14. — Le bien, que l'on fait aux malheureux, réjouit le cœur et porte sa récompense avec lui.

———

15. — La haine meurt promptement dans un bon cœur.

RÉFLEXIONS

16. — Ne t'en rapporte point à l'extérieur : Il n'y a point d'os qui ne contienne de la moelle, et point de vêtement si vil, qui ne puisse couvrir l'homme de courage et de vertu.

———

17. — Faites l'aumône, c'est Dieu qui envoie les pauvres.

———

18.— La paresse rend tout difficile, le travail rend tout aisé.

———

19. — Tu obtiendras la bienveillance par la politesse et la douceur.

———

20. — Nous devons travailler, non seulement parce que Dieu nous fait un devoir du travail, mais aussi parce que nous ne pouvons être bons et heureux que par le travail.

———

21. — Les mensonges ressemblent aux boules de neige, qui grossissent à mesure qu'elles avancent.

———

22. — Dans le doute, abstenez-vous et demandez conseil.

———

23. — La patience est le port des misères humaines.

———

24. — Tu gémis de tes malheurs. Si tu considérais tout ce que souffrent les autres, tu te plaindrais plus doucement.

———

25. — Voulez-vous plaire et être aimés, soyez bons.

———

26. — Le travail procure le contentement du cœur et éloigne l'ennui.

———

27. — L'instruction, la générosité et la sévérité du maintien, sont trois choses auxquelles on reconnaît l'homme vertueux.

———

28. — C'est dans la faiblesse intellectuelle des populations, que réside la cause principale de leurs souffrances.

———

29. — C'est l'intempérance et l'oisiveté qui perdent les hommes.

———

30. — L'orgueilleux se prépare des humiliations.

———

31. — Les bonnes mœurs produisent la santé.

EXTRAIT DU   COMPTE MORAL

Nom et prénoms . . . .

Lieu de naissance et âge . . . . . .

Dernier domicile . . . .

Est-il marié, veuf ou célibataire ? . .

Nombre d'enfants. . . . .

Profession . . . .

Vivait-il dans l'oisiveté ? . . . . . .

Moyens d'existence . . . .

Degré d'instruction . . . .

Langue parlée . . . .

Religion professée. . . . .

Conduite et moralité . . . .

Vivait-il en concubinage ? etc. . . . .

Etait-il adonné à l'ivrognerie ? . . . .

Condamnations antérieures . . . . .

Particularités. . . . .

Fait-il l'objet d'instance en divorce
ou en séparation (Circ. du 6 mars
1893). . . . .

CONDAMNATION ACTUELLE

Crime ou délit . . . .

Peine. . . . .

Commencée le. . . . .

Date de l'entrée dans l'établissement.

Réduction accordée (*Loi du 4 mars*
1870). . . . .

Expiration de la peine. . . . .

Exposé succinct des faits qui ont mo-
tivé la condamnation . . . .

Cantine ou non. . . . .

PUNITIONS DISCIPLINAIRES :

*Il s'agit de la réduction accordée par
la loi pour les peines subies sous
le régime cellulaire.*

TABLE DES MATIÈRES

DEUXIÈME PARTIE

Le régime progressif.

TROISIÈME PARTIE

Le régime de réforme.

Vu :

Le Président de la thèse,
SALEILLES.

Vu :

Le Doyen,
GLASSON.

Vu et permis d'imprimer :

Le Vice-Recteur de l'Académie de Paris,
GRÉARD.